RESPONSABILITÉ
DES MINISTRES.

RESPONSABILITÉ
DES MINISTRES.

QUELQUES PENSÉES SUR LE PROJET DE LOI PRÉSENTÉ PAR LES MINISTRES DE SA MAJESTÉ, LE 28 JANVIER 1819,

PAR XAVIER-AUDOUIN,

Avocat à la cour royale de Paris. — *Ancien juge au tribunal de cassation, secrétaire-général du ministère de la guerre, adjoint au même ministère, commissaire-ordonnateur, historiographe attaché au dépôt général.*

PARIS,

A la Librairie Constitutionnelle de BRISSOT-THIVARS, rue Neuve-des-Petits-Pères, n° 3, près la place des Victoires;
Et au Cabinet de lecture de Mlle DONNAS, rue Neuve-des-Petits-Champs, n° 29, près le Palais royal.

1819.

ORIGINE

DE CETTE BROCHURE.

Les discours prononcés par les orateurs de l'assemblée constituante, ceux plus récemment entendus dans les deux chambres, les travaux de deux nobles pairs, M. l'abbé de Montesquiou et M. le marquis de Lally-Tollendal, l'écrit du plus habile de nos publicistes, M. Benjamin-Constant, celui de M. Rey, mon honorable confrère, ont assez démontré la nécessité et les moyens de placer les ministres sous le joug de la responsabilité.

Les nouvelles productions qui vont paraître, car il s'en présentera, gardez-vous d'en douter, maintiendront les esprits dans cette disposition. Toutefois les charmes du style, l'entraînement du raisonnement recevraient peut-être encore un utile auxiliaire de l'éloquence, non moins persuasive des faits.

Cette pensée m'a entraîné à rechercher dans les annales des nations les lois et les actes analogues. Ces investigations dans tous les âges et sur tous les points du monde, font apercevoir presque partout des ministres foulant les peuples, presque partout des dynasties de rois abusés disparaissant devant des ministres usurpateurs, souvent des ministres divisés s'entre-déchirant et précipitant dans les feux allumés par leurs passions, et les peuples et les rois et les auteurs de l'embrasement; quelquefois aussi, des ministres fidèles, de courageux dépositaires de l'autorité, succombant sous les coups de l'intrigue, mourant victimes des injustices des cours et de l'ingratitude des peuples. Certes, ce spectacle perpétuel donne bien aussi la conviction de l'importance de la loi désirée, en même temps que la réunion des lois par lesquelles des sages essayèrent, à diverses époques et dans plusieurs états, d'atténuer le mal, présente des éléments de méditations à ceux chargés de nous donner une meilleure législation.

Les législateurs qui cèdent à l'impulsion de leur génie crèent et s'irritent des difficultés des recherches ; les législateurs érudits n'ont pas toujours la mémoire assez heureuse pour se rappeler, au moment même de la discussion, tout ce qui y serait applicable. Les uns et les autres ne repousseront donc pas un hommage qui ne sera pas sans utilité.

Cet ouvrage, formant 2 vol. in-8°, est intitulé : *Recherches et Dissertations sur les faits et les lois analogues à la responsabilité des ministres*. Dans l'impossibilité où je suis de le publier avant la discussion, dont l'heure va sonner, je n'ai pu résister au désir d'émettre au moins quelques idées sur le projet de loi proposé.

Il est, je le sais, des hommes qui paraissent penser que le laboureur, le marchand, l'avocat, ne doivent jamais sortir de la sphère d'occupations où leur destinée les attache. Si ceux-là me demandent d'où j'ai tiré ma mission, je leur répondrai : du droit qu'a tout Français d'être bien gouverné, et du devoir imposé par la nature et par la société, à chaque homme, à chaque citoyen, de concourir de ses faibles moyens à l'amélioration possible du sort de tous. Mably raconte ainsi la conversation de Rousseau avec un ministre auquel le philosophe avait présenté le *Contrat social.* — Monsieur, vous êtes donc un prince? — Non, monsieur, je suis un citoyen. — Mais, monsieur, il faut être prince pour traiter de semblables matières. — Si j'étais prince, monseigneur, je n'écrirais pas des livres, je vous dicterais des lois.

RESPONSABILITÉ

DES MINISTRES.

« Ce projet, a dit son Exc. M. le garde des » sceaux, a pour objet l'un des principes les » plus essentiels de toute monarchie libre et » constitutionnelle, puisqu'en même temps » qu'il assure les droits de la nation, il con- » firme la plus haute prérogative de la cou- » ronne. »

Quel est donc le problème à résoudre? La solution présentée par MM. les ministres du roi satisfera-t-elle tous les voeux? ou bien serions-nous assez malheureux pour qu'elle ne parût en être que le sommaire?

Avant d'aborder cette grave discussion, les hommes qui méditent se demandent si la loi sur la responsabilité ministérielle est nécessaire? si le temps de nous la donner est arrivé? quel semble être le caractère de la loi désirée? quel est son but, et enfin si elle sera utile? c'est-à-dire, si la nation, si le roi, si les chambres, si les ministres eux-mêmes et leurs collaborateurs solidaires, y trouveront des garanties réciproques, et telles que cet acte puisse devenir à la fois le complément de notre pacte social, et le gage de sa durée?

NÉCESSITÉ DE LA LOI PROPOSÉE.

Une loi sur la responsabilité des ministres est-elle nécessaire? C'est mettre en question si la charte sera exécutée; c'est demander si les ministres sont impeccables, ou s'ils sont impunissables? La charte les a déclarés responsables. Hommes, la nature les a exposés aux erreurs humaines; sujets, la société les assujétit aux réparations légales.

Cependant la charte ne contient que le germe de ce principe; elle promet une loi supplétive qui en développera les effets; car une place, quelque forte que soit son assiette, ne se défend pas toute seule. Il faut encore armer ses remparts d'une artillerie formidable, et les faire garder par de vaillants soldats. L'inviolabilité du roi, nos libertés, n'ont d'autres retranchements que la responsabilité des ministres; il est donc nécessaire de les élever ces retranchements.

L'équilibre de la représentation nationale et de l'autorité ministérielle offre à la nation et au roi de suffisantes garanties ; mais ce principe n'est point encore développé par rapport aux moyens offensifs et défensifs. Les deux dangers de ministres absolus ou de chambres factieuses ressemblent, au moins en spéculation, à deux forces égales qui doivent se détruire, puisque le premier de ces dangers disparaît devant le droit laissé aux chambres d'accuser et de juger les ministres ; et le second devant le droit réservé au roi de dissoudre les chambres ; mais ce pouvoir du roi est écrit dans la charte sans restriction, tandis que celui des chambres est paralysé par l'absence des lois organiques promises. Donc, autant de temps qu'on n'en aura pas réglé les effets dans leurs espèces très-diverses et dans leurs inductions, autant de temps qu'au bord du précipice on n'aura pas posé des limites que nul ne pourra dépasser, et un fanal pour empêcher les hommes de bonne foi de s'égarer, et faire apercevoir les téméraires contempteurs de nos droits, appliquée au gré des temps et des circonstances, la responsabilité non définie ne saurait être qu'un vain motif d'effroi pour les ministres, et un sujet réel de trouble dans la cité. Elle est donc nécessaire, cette loi ; car comme a encore dit son Excellence : « Dans un pays où règnent les lois, » lorsqu'en vertu de son infaillibilité constitu- » tionnelle, le chef suprême de l'état est élevé » au-dessus de toute recherche pour les actes » de son gouvernement, c'est à ceux à qui il a » confié l'exercice de son autorité qu'il est » imposé de rendre compte à la justice pu- » blique, non moins inviolable que la souve- » raineté même. »

SON URGENCE.

Ceux qui pour crier au secours, attendent que l'incendie soit parvenu au faîte du bâtiment, demandent si, pour traiter un semblable sujet, le moment est bien choisi ; ils ajoutent : où sont les périls ? Catilina menace-t-il la liberté de Rome ? On demande où sont les périls ; mais serait-ce quand César aurait passé le Rubicon que le sénat pourrait délibérer sur les moyens de punir un traître, absous par la victoire ? Oui, les tempêtes ont cessé, oui, le ciel est serein ; mais, s'il est un moment favorable, c'est bien celui où les Chambres n'ayant pas à exercer en même temps les fonctions de législateurs et celles de juges, on ne craint pas que la présence d'un accusé fasse prendre aux discussions la teinte de la passion ou celle de la faveur.

C'est précisément lorsque les eaux sont basses qu'il faut élever des digues; en d'autres temps, peut-être, les torrents grossis venant tout renverser, entraîneraient constructions et constructeurs.

On peut parler sans ménagements des mauvais ministres, alors que la réalité éloignée de nos yeux, donne au tableau qui occupe l'apparence d'une fiction.

Nous vivons dans des jours calmes et sous un gouvernement modéré; la loi en portera l'heureux type, et bien différente des actes de circonstances, elle embrassera tous les temps toutes les personnes; elle s'appliquera à toutes, les générations, à tous les rois, à tous les ministres; les législateurs nous la donneront, abstraction faite des dispositions actuelles, et, se détachant par la pensée du siècle qu'ils régissent, ils s'élanceront dans l'avenir où leurs noms seront conservés avec ceux, si peu nombreux, des bienfaiteurs du monde.

Moins l'œuvre de la tribune que le fruit de la méditation, écrite par la main du temps, imprégnée de l'amour de la patrie et du désir de donner à toutes nos institutions force et stabilité, conséquence de la charte et son plus puissant soutien, ne pouvant ni être éludée, ni servir d'instrument à la haine et à l'intrigue, présentant des garanties pour nos libertés, des sauvegardes pour l'inviolabilité du roi, des moyens défensifs pour les chambres, des gages de sécurité pour les ministres fidèles, mettant le roi à l'abri de la révolte, le peuple à l'abri de l'oppression, les chambres à l'abri de l'absorption, les ministres à l'abri de la calomnie, de la diffamation, des persécutions non provoquées et des injustes disgrâces, déterminant les limites de chaque pouvoir et de chaque droit, prévenant leur conflit, réglant leurs rapports, couvrant les peuples et les ministres de la même protection, préservant l'état de toute dissolution ; égide de tous, éternel palladium de notre France, et le plus beau titre de gloire pour la session de qui nous recevrons un si grand bienfait, telle sera la loi désirée ; ou bien, abandonnée dès sa naissance, laissée sans exécution et bientôt précipitée dans l'abîme des archives, elle irait y grossir la masse des lois incohérentes, barbares, violentes et tombées en désuétude.

Rousseau remarque que la première fonction des éphores, en entrant en charge, était une proclamation publique par laquelle ils enjoignaient aux citoyens, non pas d'observer les lois, mais de les aimer, afin que l'observation ne leur en fût pas dure. Rousseau aurait pu ajouter que ce soin était vain, que ce cérémonial était ridicule, alors que les lois n'étaient pas aimables; car l'amour n'est pas un sentiment que l'on puisse commander. Aucune puissance ne ferait chérir par un peuple généreux un objet odieux ou avili.

Il s'agit de la répression politique du plus grand des attentats. C'est un peuple tout entier qui accuse par l'organe de ses députés. On ne peut prêter à leurs discours trop de majesté et les entourer assez de l'énergie des formes les plus solennelles. La mémoire des générations en demeurera frappée si elles sont en analogie avec la nature des choses, la qualité des personnes, l'éclat du trône et le respect dû à l'opinion publique.

Nul ne prétend que les ministres soient placés sur le lit de Procustre. Cette situation troublerait les faibles, elle indignerait les forts ; nul aussi ne veut que vous les asséyez sur des lits de roses ; la mollesse et la corruption, sa compagne, viendraient les y trouver.

La charte confie à la chambre des députés le droit d'accuser, et à celle des pairs le droit de juger ; ces deux dispositions sont corrélatives. La chambre des pairs n'est investie du droit de juger que par l'exercice que fait la chambre des députés de son droit d'accuser ; mais encore ce droit est limité aux crimes de trahison et de concussion. Il faut donc les définir.

Peut-on s'en dispenser ? En lisant le discours de M. le garde des sceaux, discours dicté par le plus vif amour de la justice et de la vérité, le charme disparaît quand on arrive à ces paroles. « C'est ici, Messieurs, que la force » de la raison nous commande de nous en re» mettre à une jurisdiction d'équité, et que » l'intérêt de la justice même réclame l'inter» vention de l'arbitraire. » Aujourd'hui, sans doute elle est fondée, la confiance qu'inspirent les arbitres auxquels s'abandonne S. Exc. ; mais dans l'avenir en quelles mains passera ce dépôt ? Nous comptons moins sur les hommes que sur les institutions. S. Exc. ne s'est point dissimulée la force des raisons opposées, puisqu'elle a dit aussi : « L'étonnement que cette » suppression causerait à quelques personnes, » serait d'autant plus naturel, qu'il semble » fondé sur le texte même de la charte portant article 56 : des lois particulières spécifieront cette nature de délits. » Or, une loi rendue en exécution de la charte, et précisément pour en définir le principe, pourrait-elle omettre cette définition? Une loi qui ne respecterait pas le dogme de la charte, serait-elle elle-même plus respectée dans ses dispositions?

Que déciderait la chambre des pairs, ayant à prononcer sur le sort d'un ministre accusé, si les défenseurs de ce grand coupable venaient devant elle proposer ce moyen préjudiciel? « Nobles pairs, nul n'est puni, nul n'est accusé qu'en exécution d'une loi préexistante caractérisant le délit et déterminant la peine. La loi ne dispose que pour l'avenir. Ici, où est la loi qui spécifie les cas de trahison, de concussion, dont les ministres peuvent se rendre coupables? Dans quelle cathégorie est classé l'acte commis par nous? La loi suprême par qui vous existez et nous jugez, la charte l'a promise, cette loi; et autant de temps qu'elle ne nous sera pas présentée, autant de temps que ce régulateur ne sera pas appliqué aux actes dont nous sommes accusés, l'action de votre justice à notre égard demeurera suspendue; car votre respect pour la charte l'emportera sur toute autre considération. »

Donc, la charte et l'équité commandent de définir, de spécifier d'abord la nature de la trahison et de la concussion; de présenter leurs espèces, leurs divers genres, leurs nuances particulières, les cas possibles et les hypothèses, en s'efforçant de ne tomber ni dans l'un, ni dans l'autre des deux écueils redoutés de l'excessive sévérité ou du relâchement qui assurerait l'impunité, dangers d'un droit trop fort contre le faible, trop faible contre le puissant.

Comment garder le silence sur de si grands intérêts?

Nul doute que les difficultés pressenties par M. le garde des sceaux ne soient fondées; à d'autres qu'à S. Exc. elles paraîtraient plus grandes encore; mais la distance qui sépare du but est-elle une raison suffisante de rétrograder, quand le but est marqué par un irrésistible devoir? Qu'Alexandre coupe le nœud de Gordius qu'il ne peut délier; que le peintre qui désespère d'exprimer la douleur du père d'Iphigénie, jette un voile; que le statuaire brise et fasse jaillir en éclats le bloc qui devait être dieu, ces impatiences d'une imagination qui bouillonne n'étonnent personne; mais le juge qui, rebuté par les difficultés, refuse de statuer sur les demandes, prévarique; mais le législateur qui recule devant les obstacles et donne incomplète la loi qui doit sceller le pacte social, manque à l'impulsion de sa propre gloire, et compromet les destinées de tout un peuple.

Rien de parfait ne sort de la main des hommes. Dans une première institution, il y aura des omissions, on les connaîtra, le temps et l'expérience viendront compléter le travail; mais du moins on peut le tenter.

Quel homme se respectant un peu voudrait être ministre, si, sans boussole au sein des tempêtes, il ignorait où sont les précipices à éviter, et que, cherchant le rivage, il dût errer dans les ténèbres sans savoir jamais si les intentions et les conséquences de ses actions, qu'il crut pures, ne seront pas interprétées et ne serviront pas de texte à une accusation?

Enfin, qui accusera-t-on? « C'est peu », et c'est M. le garde des sceaux qui fait cette sage réflexion, « c'est peu de prévenir les abus dans » les hautes parties de l'administration. Le » plein effet de la responsabilité ministérielle » doit être d'établir et de réaliser celle même » des derniers agents de l'autorité, en sorte » qu'il ne puisse se commettre dans tout le » gouvernement une seule prévarication sans » que la loi s'en saisisse aussitôt pour la » punir. »

D'où il suit qu'on n'errerait point en pensant que le ministre secrétaire d'état ayant département, ne sera pas seul responsable. Et en effet, le ministre d'état, membre du conseil, et le conseiller d'état, auraient-ils le privilége de dicter impunément des ordonnances destructives de nos droits? Le ministre ambassadeur commettrait-il chez l'étranger les intérêts, la fortune, la gloire de la France, refuserait-il aux Français son appui sans avoir à répondre de ses perfidies? Des agents du ministre se feraient-ils un jeu de tromper celui qui les employe, de mécontenter les peuples, de ruiner l'état? La loi sur la responsabilité ne pourra-t-elle les atteindre? La loi commune même, sera-t-elle encore paralysée par la nécessité durecours au conseil d'état, espèce de droit de *committimus* qui crée un droit d'exception où l'administration se trouve juge et partie? Son Excellence a bien dans son discours établi le principe de cette solidarité des collaborateurs du ministère; mais dans le projet de loi, il n'en est pas dit un mot, on y a même omis l'article des complices, omission à laquelle il serait difficile de suppléer par nos codes; car il faudrait déterminer les devoirs des collaborateurs avant de pouvoir prononcer sur les transgressions.

Cette solidarité sera-t-elle l'objet d'une loi différente de celle sur la responsabilité? N'en est-elle pas le complément? ne faut-il pas la coordonner avec elle?

Ces motifs ressortiront mieux de l'examen des garanties réciproques d'oppression que la loi, pour atteindre son but, semble devoir présenter à la nation, à son roi, aux particuliers, aux chambres, aux ministres et à leurs collaborateurs.

GARANTIES DÉSIRABLES POUR LA NATION, LE ROI ET LES DEUX CHAMBRES.

Conduit par son gouverneur dans le palais de Scylla, le jeune Caton aperçoit les têtes sanglantes des proscrits : *Qui donc*, s'écrie l'enfant, *assassine les citoyens de Rome?* Le gouverneur répond : *C'est Scylla. Eh! quoi,* répond l'enfant, *Scylla les égorge, et Scylla vit encore! donne-moi ton épée.*

Ce sentiment de résistance à l'oppression est dans la nature; la nature aussi inspire le besoin de secourir, de venger celui qui souffre injustement, et la société régularisant ces mouvements généreux, rend tous les citoyens solidaires de l'offense faite, soit au corps social, soit à un de ses membres; elle donne des lois qui déterminent le mode de réparation. La garantie due à la nation par ses mandataires dérive donc autant du droit naturel que du contrat social.

Tout fait quelconque de l'homme qui cause à autrui du dommage, oblige celui par la faute duquel il est arrivé à le réparer. Le ministre est un mandataire, le mandant est la nation toute entière représentée par le roi. Le mandataire ne peut rien faire au-delà de ce qui est porté dans son mandat. Il doit l'exécuter en père de famille. Les limites de ses pouvoirs sont tracées par les lois de l'état; tout ce qu'il fait au-delà est arbitraire, puisqu'il agit sans pouvoir; ce qu'il fait en-deçà est une lésion des droits de la cité.

Si dans les intérêts privés, l'imagination se révolte au récit des perfidies d'un misérable qui trompe votre confiance, renverse votre fortune; si l'on déteste l'infidèle dépositaire de vos secrets, si l'on crie vengeance et mort contre l'assassin qui vous frappe des mêmes armes que vous mîtes dans ses mains; de quelles imprécations ne poursuivriez-vous pas le ministre prévaricateur qui, investi de toute l'autorité des lois, disposant du trésor et de l'armée, traitant, au nom de tout un peuple, avec les peuples voisins, régissant tout, aurait tout ravi pour opprimer la cité, dépouiller les citoyens, verser le sang de l'innocent, avilir chez l'étranger sa nation, lui livrer notre commerce, entraîner nos enfants sur les champs de bataille pour des guerres injustes, faire passer notre armée sous les fourches caudines, effacer notre nom du nom des peuples?

Et pourtant ces attentats politiques ne pourraient être punis que par les malédictions des siècles; car aucun frein ne réprimant dans sa course ce grand coupable, il arriverait à la dissolution de nos institutions sans avoir rencontré aucune barrière; le principe consacré dans la charte y repose encore inanimé, il faut donc se presser de lui donner la vie.

Les garanties de la nation ont deux objets; le premier est la conservation des droits publics, le second la défense des droits privés.

Le premier objet sera atteint plus facilement que le second; car sous ce rapport, la nation, le roi et les chambres ont un intérêt commun. La coalition de tous contre l'usurpation d'un ministre, le ferait bientôt repentir de son agression; et je ne pense pas que la trahison au premier chef et la concussion prouvée pussent jamais rester impunies.

Mais le second objet, celui de la défense des droits de chaque citoyen, parce qu'il semble moins important, sera plus difficilement atteint.

On donne peu d'attention à des délits qui ne troublent pas l'ordre public, et malgré qu'en principe le corps social tout entier soit blessé par l'injustice faite à un de ses membres, il est difficile de faire sentir à tous les autres que le malheur souffert aujourd'hui par un seul, demain les frappera tous.

La multitude ne redoute que les grands coups d'état. Elle ne veut pas remarquer que la ruine des cités a le plus souvent pour cause des actes presque inaperçus. Les torrents débordés couvriront plusieurs fois le rocher sans y laisser aucune trace de leur passage, et l'eau qui tombe goutte à goutte l'a profondément creusé.

Ce ne sont donc pas les grandes catastrophes qui doivent le plus occuper le législateur ; jeux des passions des grands, elles ne sont bien aperçues que sur le théâtre des cours ; le laboureur et le soldat nourrissent et défendent les cités sans trop s'enquérir des lois qui les gouvernent ; ils ne les connaissent que dans les détails qui leur sont relatifs.

Si, à leur égard, la loi n'était protectrice, quel intérêt pourraient-ils y prendre ? les révolutions deviendraient pour eux ce que sont aux peuples courbés sous le joug ottoman les révolutions du sérail.

Voulez-vous que chaque citoyen prenne en effet intérêt à la durée de nos institutions, voulez-vous, lorsque vous appellerez à leur défense le concours de tous, qu'aucun ne puisse vous répondre :

« Eh ! que m'a fait à moi cette Troie où je cours !
» Au pied de ses remparts, quel intérêt m'appelle ? »

Appliquez-vous à généraliser les avantages ; or, de quelle utilité serait pour le plus grand nombre des Français, et particulièrement pour les classes les plus utiles, une loi sur la responsabilité qui, ne considérant que le ministre, et ne s'appliquant qu'aux crimes de *haute* trahison et de concussion *commis par lui*, laisserait le peuple et l'armée à la merci de ces nuées d'agents ministériels dont les excès, les actes arbitraires, les dédains, les dénis de justice, l'arrogance et la morgue, ne seraient réprimés par aucune disposition de la loi projetée ?

Ne craindriez-vous pas alors de voir revivre l'éloquent paysan du Danube ? vous l'entendriez répéter :

Rien ne suffit aux gens qui nous viennent de Rome ;
La terre et le travail de l'homme
Font pour les assouvir des efforts superflus !
Retirez-les, on ne veut plus
Cultiver pour eux les campagnes.
. . . .
. . . .

La liberté individuelle est la garantie de la liberté publique : qui voudra se dévouer pour l'une, si l'autre n'est pas respectée ? Ou bien le contrat social est une chimère, ou bien chaque Français a par cet acte acquis le droit de dire comme le maréchal de Villars à Louis XIV :

Sire, je vais combattre vos ennemis, défendez-moi des miens. Le contrat social établit une solidarité de droits et d'intérêts. La société toute entière, blessée par l'offense faite à un de ses membres, doit poursuivre la réparation; d'où il résulte que le ministre ou ses agents prévariquent autant de fois qu'ils abusent de leur autorité, soit au détriment de la chose publique, soit au détriment d'un citoyen.

Donnez donc à la classification des délits l'extension nécessaire exprimée en termes trop génériques. Autrement, l'atteinte portée aux droits consacrés par la charte s'appliquerait difficilement à la lésion des droits privés, à la violation de la propriété, aux arrestations arbitraires, aux dénis de la justice distributive dans l'avancement et dans les récompenses, à l'exaction qui n'est pas synonyme de concussion; cependant ces actes seraient aussi des trahisons; ils seraient un abus du pouvoir confié au ministre pour conserver et défendre, et non pour détruire et opprimer. Le violateur serait infidèle et traître.

La charte ordonne que les ministres n'ayent pour accusateurs et pour juges que les députés et les pairs; mais les parties lésées, comment feront-elles parvenir leurs plaintes? Qui nous affranchira des entraves que le faible éprouve quand il ose livrer combat à l'homme puissant? Qui nous ouvrira la route? Notre état social est perfectionné, les principes sont avoués, l'action en réparation consacrée par la raison, par le droit naturel, par le droit positif; écrite dans le premier article de notre Code d'instruction criminelle, la réparation peut être exercée par tous ceux qui ont souffert. La charte aussi a reconnu ce droit, elle en a fait l'application aux ministres en les déclarant responsables; il faut donc régulariser l'exercice de ce droit, il faut que la loi projetée détermine bien les causes et nous dise contre qui, et par quelles formes ce droit pourra être invoqué.

La cause ne pourrait être qu'une action évidemment coupable et dommageable; et c'est ici le lieu de rappeler l'ordonnance de François Ier, du mois de décembre 1540, qui portait que les juges ne pourraient être pris à partie s'il n'y avait dol, fraude ou collusion; car, hors ces cas, il y a erreur de fait et non de droit; *cette erreur est du ressort de la conscience*, et le mal jugé ne peut donner lieu à aucune poursuite.

La loi romaine où François Ier avait puisé

ce principe, voulait que, dans toute action, celui qui succomberait, payât des dommages et intérêts proportionnés à la témérité de son action. Il importerait donc de spécifier les actes dont on pourra avec sécurité demander le redressement, et les actes inattaquables dont les contempteurs seront punis. On donnerait ainsi une double garantie aux administrés lésés et aux administrés outragés.

En soumettant quelques idées sur les articles du projet, j'en hasarderai plusieurs sur l'initiative de dénonciation offerte à cinq députés. Loin de nous la pensée de vouloir que cette action ressemble à ces *plébiscites*, décrets émanés du peuple romain assemblé dans le cirque de Flaminius, ou au capitole, ou dans les comices, sans le concours du sénat ni des patriciens, et souvent nonobstant leur opposition ; toutefois l'acte réservé aux seuls députés ne s'improvisera pas sans que les éléments en soient produits par les parties intéressées. On espère, en écartant des débats toute personne étrangère à la chambre, la garantir mieux des préventions qui entoureraient les juges de fallacieuses prétentions. Ces considérations ont beaucoup de force, mais la justice en a beaucoup aussi, et elle commande que, de quelque manière que les plaintes soient portées, elles saisissent la chambre, et la mettent dans l'obligation d'agir.

Le projet ne parle pas du droit, non contesté sans doute, qu'aurait le roi, soit en vertu de la prérogative royale, soit comme partie intégrante de la puissance législative, d'intervenir et de concourir à l'accusation.

Toute justice émane du roi, et le projet le reconnaît en proposant l'institution d'un procureur général près la cour des pairs; mais dans la chambre accusatrice, qui le représentera?

Cependant des dénonciations intempestives pourraient n'avoir pour but que d'altérer la première des prérogatives royales, celle du choix et du renvoi des ministres.

Quelquefois aussi un ambitieux oserait retourner contre le roi et la nation l'arme créée pour le contenir. Je suppose qu'un ministre voulût se servir de la loi de la responsabilité pour s'ériger en tuteur du roi et transformer son obéissance en grâce: la supposition n'est pas invraisemblable, puisque le projet ne déterminant aucun des cas entraînant responsabilité, le ministre pourrait devant le roi les étendre à son gré à tous les ordres qu'il ne voudrait pas exécuter, et paralyser ainsi la puissance royale: alors, quelles seraient les formes qu'adopterait le roi pour faire parvenir son accusation aux chambres? Le roi fait ses communications par ses ministres; mais s'il existait une coalition de tout le ministère contre sa volonté, par quel officier ferait-il entendre ses plaintes? Le roi changerait le ministère. Mais si celui qui le remplacerait suivait la route tracée par ses prédécesseurs, la nation pourrait donc être enchaînée dans la personne de son chef?

Le roi, par une fiction politique, forme un seul corps avec le peuple; il s'identifie avec lui; ses affections, ses intérêts, ses dangers, sa puissance, sa gloire, sont celles du peuple qu'il gouverne; leurs destinées sont inséparables.

Donc, demander des garanties pour le roi, c'est en demander pour la nation; car, victime quelquefois des torts de ses ministres, il n'est jamais leur complice.

Un illustre chef des Asiatiques, *Timur*, comparant ses ministres à des glaces fidèles, disait : *Ils me réfléchissent les événements et les plaintes des provinces, et réfléchissent sur mes peuples mes affections et mes ordres;*

mais infidèles, ils éclipsent mon cœur et le cœur du peuple.

La royauté est un être moral et métaphysique; elle ne peut être atteinte que par la pensée, et le roi ne peut pas plus que le peuple lui-même, être personnellement recherché pour des actes contraires à cet intérêt commun; car on ne peut se trahir, on ne peut en vouloir à soi-même, d'où il suit que le ministre coupable d'avoir opprimé les peuples, est en même temps criminel de lèse-majesté.

Telle est la base de l'inviolabilité du roi, dogme politique qu'il importe de graver dans les cœurs plutôt que sur les tables de la loi. Mais pour atteindre ce but, il est nécessaire que l'objet de l'amour et du respect de tous ne puisse être enveloppé d'aucun nuage, que le mécontentement ne puisse en aucun cas prendre sa source dans des actes du roi: la responsabilité des agents dérive naturellement aussi de cette nécessité; et si, comme les Grecs qui ne firent aucune loi contre le parricide, nous ne croyons pas à la possibilité de la culpabilité du roi, si nous n'hésitons pas à reconnaître sa personne inviolable et sacrée, c'est un devoir de rechercher les moyens de la préserver de toute atteinte.

Seule, la responsabilité des ministres met le sceau à l'inviolabilité du prince ; elle est l'égide tutélaire de sa personne ; elle donne stabilité au trône, elle préserve l'affection du peuple pour le roi de toute altération, et préserve le peuple de toute oppression, puisqu'il lui devient facile d'obtenir réparation de tout ce qui serait attentatoire aux lois de l'état, à la liberté publique et individuelle et aux droits des citoyens.

Les rois des sociétés primitives furent des chefs de tribus, des pères d'une grande famille. Les aînés de leurs enfants devinrent leurs premiers ministres. Les cités en prenant de l'extension, virent, comme les familles, se relâcher les liens de leur union. Le système électif devint une occasion de troubles ; et l'hérédité du trône faisant craindre que la nature ne secondât pas toujours les voeux de la société, il fallut pour rendre la puissance stable, lui donner des supports et des aides ; mais ceux-ci ne furent jamais, comme les rois, inviolables et sacrés. La royauté, ou comme la définit Ammien Marcellin, *la charge de veiller et de pourvoir au salut d'autrui*, fut donc exercée dans ses détails très-compliqués par des auxiliaires nommés et surveillés par les rois, tuteurs de la chose publique.

La royauté, ainsi dégagée de ses entraves, et n'apparaissant aux peuples que pour les protéger, se confondit dans la pensée des hommes, avec les idées les plus chères. Les anciens allièrent les noms de père, de roi et de dieu; Jupiter était roi de l'Olympe, et les rois de la terre étaient les pères des peuples qui leur conféraient non-seulement le soin de régir les cités, mais aussi le sacerdoce qui les plaçait entre les hommes et les dieux. Puffendorf rappelle que les anciens juraient par leur roi, serment qui exprimait cette vérité; cela est aussi vrai que notre désir de conserver le roi est sincère. Joseph jura par Pharaon; les premiers chrétiens, malgré la différence de culte, juraient par les empereurs.

Le mot despote, que nous avons emprunté des Grecs, ne s'est appliqué aux chefs des états que chez les modernes; chez les Grecs, il signifiait maître d'un esclave, il était relatif à la servitude légale et non au gouvernement. Alors on ne pensait pas que tout un peuple pût être réduit à la servitude par un seul homme. Dans nos temps modernes, où nous ne reconnaissons ni l'esclavage civil, ni l'esclavage politique, despote est un mot sans aucun sens; la chose ne peut plus exister, et désormais le mot roi ne présentera que des idées chères. Il importe donc de prévenir tout ce qui tendrait à *désacfectionner* la personne du prince. La négligence dans toutes les mesures qui conduisent à ce but, ne serait pas un simple acte d'imprévoyance, elle serait un crime de lèse-majesté. Car rien ne compromettrait autant la puissance et la personne du chef de l'état et sa dynastie, que la perte de l'amour des peuples, véritable base de toute autorité. La force toute seule, observe Grotius, serait un trop faible support du trône; Les envoyés de Rome répondaient à Coriolan: « *Ce que la nécessité fait faire soit aux par-* » *ticuliers, soit aux états, n'a de force qu'aussi* » *long-temps qu'elle dure.* »

Or, quel espoir aurait le roi de rendre les meilleures dispositions efficaces, si la loi ne lui offrait une garantie contre les malversations des exécuteurs de ses volontés? Les forces de l'humanité ne sont pas en proportion avec l'immensité des soins; il lui faut du secours, il lui faut des conseils, mais non des tuteurs; car *les Français ne supporteraient pas que leur roi ne fût qu'un grand pensionnaire de l'état, et l'état une ferme exploitée au profit des ministres.* Soumis et respectueux quand le roi leur commande au nom de la loi et de l'intérêt de la patrie, ils ne cessent pas de l'être alors qu'ils avertissent que ce grand intérêt serait compromis par un acte surpris au monarque. Le chancelier Michel de l'Hôpital eut le courage de refuser de sceller un édit injuste qui eût avili le trône. Eût-il mieux servi en exécutant une mauvaise action ?

Souvent, dit Tacite, *la flatterie est la plus cruelle des perfidies*; Burrhus, auprès de Néron se désolait; mais Burrhus flattait. Il aimait donc moins la vérité que la puissance. Les Athéniens applaudirent Bias quand il leur fit entendre ces paroles : *Le pire des animaux sauvages c'est le tyran, des privés c'est le flatteur.* Si un monarque commande l'assassinat d'un homme, on répond au monarque, comme fit Crillon à Henri III, qui lui ordonnait de tuer le duc de Guise : *Sire, j'offre de périr pour défendre votre majesté, mais je n'assassinerai personne.*

L'ambroisie, la fumée de l'encens, les exhalaisons des sacrifices sont des nourritures réservées aux immortels; les rois sont des hommes. Nos codes punissent ceux qui, à l'aide de promesses chimériques, de vaines espérances, et par des moyens détournés, obtiennent ce que sans ces moyens ils n'eussent pas obtenu; de quelle peine ne doit-on pas punir ceux bien autrement coupables qui, en trompant les dépositaires de la puissance, compromettent la société toute entière?

L'adage populaire, Ah! si le roi le savait! exprime assez le profond sentiment de confiance pour les chefs des états, qui ne peuvent en effet devenir volontairement oppresseurs; il prouve la conviction où l'on est que les fautes sont les œuvres des ministres.

De Thou rapporte que le cardinal de Lorraine, ministre de François II, venant exhorter à la mort ce roi malade, répéta plusieurs fois: *Priez Dieu qu'il vous pardonne les fautes que vous avez faites, et celles que vos ministres vous ont fait faire*. Ce discours, ajoute de Thou, fut interprété par les assistants comme un aveu formel de la mauvaise administration des ministres.

Pourquoi, au lieu de ces inscriptions fastueuses, de ces signes éblouissants, partout appendus aux lambris des palais des rois, pourquoi n'y lit-on pas cette simple devise? *Vérité*.

L'ordonnance de Louis XII prescrivait aux

cours de justice que, quelqu'ordre que l'intrigue ou la perfidie parvînt à lui arracher ou à lui surprendre, elles ne s'écartassent jamais de ce que dicteraient à la conscience des juges, la loi, l'équité, les droits des parties et l'intérêt des peuples.

La publicité des actes du gouvernement, rendue indispensable par la responsabilité qui soumettra à rendre compte à la nation de tous les actes, sera pour le monarque une garantie que tous seront dignes d'être exposés au grand jour. Quel homme, en effet, oserait être vil, s'il pensait que l'univers le contemple?

En serait-il de même dans le système où il suffirait au ministre, pour abuser le roi, de corrompre quelques courtisans? Ces complices de ses turpitudes, groupés autour du trône, n'auraient qu'une voix pour répéter que le ministre le plus vil est le plus grand des hommes; ils le proclameraient *Trismégiste*, trois fois grand, surnom du Mercure des Egyptiens qui, encore au berceau, avait dérobé le sceptre de Jupiter, et allait lui prendre la foudre s'il ne se fût brûlé en y touchant.

Retirez Junius Celo, notre gouverneur, disent les députés de la Bythinie et du Pont : l'empereur Claude demande aux courtisans, dont la conversation a étouffé la voix de l'orateur, ce que veulent les députés : *Ils se louent de leur gouverneur.—Eh bien! je le leur laisse encore pour deux ans.* Alors commença la lutte des empereurs et des ministres qui, tour-à-tour bourreaux et victimes, désolèrent Rome, laissée sans institutions conservatrices. Les institutions sont encore plus nécessaires aux princes qu'aux nations. Sans elles, le passage des monarques ne laisse aucune trace; avec elles leur mémoire ne périt point. Car il n'est pas vraisemblable que les peuples repoussent jamais les établissements créés pour leur utilité. Alfred fonda presque tous ceux de la Grande-Bretagne; et depuis lui, malgré que la conquête ait donné aux Bretons pour maîtres les Danois, les Normands, et que les révolutions politiques ayent souvent changé la forme et les chefs de leur gouvernement, jamais ils n'ont touché aux bases des institutions d'Alfred. Que faut-il pour devenir un autre Alfred? Sans doute le génie est désirable; du Guesclin, pour exprimer l'importance du commandement disait : *Une troupe de cerfs dirigée par un lion est plus forte qu'une troupe de lions conduite par un cerf.* Néanmoins des exemples honorables consoleront ceux que la nature n'aura point dotés d'heureuses dispositions.

Le règne de Louis XIII est un des plus mémorables de nos annales, et Louis XIII, suivant l'observation du président Hénault, n'agissait pas, mais il jugeait bien ; et son ministre ne le gouvernait qu'en le persuadant. D'où il semble résulter, qu'habile ou faible, un monarque ne pourrait opérer le bien, s'il n'était assuré de la fidélité de ses ministres ; et qu'il ne peut puiser cette assurance en d'autre source que dans une bonne loi sur la responsabilité. Le roi ayant cette conviction serait peu touché des flatteries du poète qui prétend qu'il ne sait pas louer, parce qu'insolent avec tous les autres, il recueille sa bassesse pour venir lui dire :

« . . . . Grand roi !
» Qui seul et sans ministre, à l'exemple des dieux,
» Soutiens tout par toi-même, et vois tout par tes yeux.

L'hyperbole ne fera pas oublier Louis XIV, si grand par Colbert, par Louvois, si petit par Chamillard, par les jésuites. Certain que la science du choix des ministres est au monarque ce qu'est au ministre la science du meilleur emploi des hommes et des choses, le monarque mettra tous ses soins à s'entourer d'aides dignes de lui, et capables de diriger les peuples dans les efforts qu'ils font pour seconder ses vœux (1).

---

(1) Le Roi et les deux Bergers.

« Certain monarque un jour déplorait sa misère
» Et se lamentait d'être roi :
» Quel pénible métier, disait-il ! sur la terre
» Est-il un seul mortel contredit comme moi ?
» Je voudrais vivre en paix, on me force à la guerre.
» Je chéris mes sujets, et je mets des impôts ;
« J'aime la vérité, l'on me trompe sans cesse.
» Mon peuple est accablé de maux.
» Je suis consumé de tristesse :
» Partout je cherche des avis,
» Je prends tous les moyens ; inutile est ma peine ;
» Plus j'en fais, moins je réussis.
» Notre monarque alors aperçoit dans la plaine
» Un troupeau de moutons maigres, de près tondus,
» Des brebis sans agneaux, des agneaux sans leurs mères
» Dispersés, bêlants, éperdus,
» Et des béliers sans force errants dans les bruyères.
» Leur conducteur Guillot allait, venait, courait,
» Tantôt à ce mouton qui gagne la forêt,
» Tantôt à cet agneau qui demeure derrière,
» Puis à sa brebis la plus chère.
» Et tandis qu'il est d'un côté,
» Un loup prend un mouton qu'il emporte bien vite.
» Le berger court, l'agneau qu'il quitte
» Par une louve est emporté.

Pour les maintenir dans ces bonnes dispositions, il ne sera pas nécessaire qu'à l'exemple

---

» Guillot, tout haletant s'arrête,
» S'arrache les cheveux, ne sait plus où courir,
» Et de son poing frappant sa tête,
» Il demande au ciel de mourir.
» Voilà bien ma fidèle image,
» S'écria le monarque; et les pauvres bergers,
» Comme nous autres rois, entourés de dangers,
» N'ont pas un plus doux esclavage.
» Cela console un peu. Comme il disait ces mots,
» Il découvre en un pré le plus beau des troupeaux.
» Des moutons gras, nombreux, pouvant marcher à peine,
» Tant leur riche toison les gêne.
» Des béliers, grands et fiers, tous en ordre paissant,
» Des brebis fléchissant sous le poids de la laine,
» Et de qui la mamelle pleine
» Fait accourir de loin les agneaux bondissant.
» Leur berger, mollement étendu sous un hêtre,
» Faisait des vers pour son Iris,
» Les chantait doucement aux échos attendris,
» Et puis répétait l'air sur son hautbois champêtre.
» Le roi tout étonné disait : les loups ne craignent guère
» Les pasteurs amoureux qui chantent leur bergère.
» On les écarte mal avec un chalumeau.
» Ah! comme je rirais.... Dans l'instant le loup passe,
» Comme pour lui faire plaisir;
» Mais à peine il paraît que prompt à le saisir
» Un chien s'élance et le terrasse.

de ces rois de l'antiquité, qui ordonnaient à un héraut de venir chaque matin leur redire: « Souviens-toi que tu es mortel, souviens-toi » des Grecs », il se fasse à chaque instant avertir de leurs trahisons. La loi sur la responsabilité le garantira de toutes surprises. La nation et les chambres veilleront pour le bonheur du roi; leur silence sera un témoignage de la fidélité des ministres.

Les crimes d'état seront poursuivis et jugés par les grands corps de l'état : surveillants de nos libertés, et vengeurs de leur violation,

---

» Au bruit qu'ils font en combattant,
» Deux moutons effrayés s'écartent dans la plaine;
» Un autre chien part, les ramène:
» Et pour rétablir l'ordre, il suffit d'un instant.
» Le berger voyait tout, couché dessus l'herbette,
» Et ne quittait pas sa musette.
» Alors le roi, presqu'en courroux,
» Lui dit: Comment fais-tu? les bois sont pleins de loups,
» Tes moutons gras et beaux sont au nombre de mille;
» Et sans en être moins tranquille,
» Dans cet heureux état, toi seul tu les maintiens!
» Sire, dit le berger, la chose est fort facile,
» Tout mon secret consiste à choisir de bons chiens. »

Œuvres de Florian, tome Ier, *Fable III.*

eux seuls, en effet, auront les éléments nécessaires pour ces grandes procédures.

Ces assemblées politiques, délibérant publiquement sur l'administration, sur l'économie publique, sur les impôts, sur leur emploi, sauront apprécier toutes les opérations ministérielles.

Si les peuples trouvent une garantie dans la fidélité de leurs députés, les ministres en trouveront aussi une contre la haine, l'intrigue et l'ambition, dans leurs habitudes avec les pairs auprès desquels ils auront souvent siégé, et qui, tous élus par le roi, et défenseurs naturels de la prérogative royale, seront très-enclins à excuser le ministre, si, à l'oppression du peuple, il n'a pas joint l'oppression du monarque. Les accusés auront une autre garantie contre les accusateurs, dans une sorte de pudeur publique qui ne permettra ni d'inculper avec légèreté, ni de montrer de l'acharnement dans une lutte qui aura pour spectateurs les juges les plus respectables, et dont le résultat retentira au loin et sera jugé lui-même par la postérité. Si les députés, ayant sans cesse leur mandat présent, se considèrent comme les envoyés immédiats de la nation, les pairs, pénétrés de la dignité de la pairie, se souviendront que toujours, comme en Angleterre, leur titre fut *pair du royaume*, et non pas *pair du roi.* Ces pairs de France auront présente à l'esprit la cérémonie du couronnement, où ils représentent tout à la fois la nation et la monarchie, paraissant avec l'habit royal et la couronne, et soutenant tous ensemble celle du roi, dont ils reçoivent le serment.

On l'a dit avec raison : la patrie peut rester dans une sécurité entière, en songeant que ces grands jugements sont commis à cette auguste assemblée, où la gloire et la fortune comptent un grand nombre de leurs plus illustres favoris, et où la patrie voit tant de magistrats éclairés, tant de bons citoyens. Ils ont bien plus que les juges ordinaires les qualités qui constituent l'homme d'état ; ils apprécient mieux la personne des accusés, les délits, la nature, la force des preuves et la valeur des excuses ; et si les éminentes qualités qui les firent parvenir au sommet de la gloire n'attestaient assez leur probité, qui donc pourrait corrompre des hommes déjà rassasiés de fortune et d'honneurs ?

Montesquieu, en passant à Venise, fut curieux de voir le fugitif ministre Law, qui s'y était retiré pour échapper aux condamnations du parlement de Paris. Ils eurent une longue conférence, dans laquelle Montesquieu lui ayant demandé comment il n'avait pas essayé de corrompre le parlement de Paris, comme le ministère anglais faisait à Londres; Law lui répondit : *Quelle différence! l'Anglais ne fait consister sa liberté qu'à faire tout ce qu'il veut, le Français ne met la sienne qu'à faire tout ce qu'il doit; ainsi, l'intérêt peut engager l'un à vouloir ce qu'il ne doit pas faire; il est rare qu'il porte l'autre à faire ce qu'il ne doit pas vouloir.*

La disposition constitutionnelle sur le mode de procéder dans la poursuite et la punition des délits ministériels, est donc la plus sage théorie imaginée jusqu'à ce jour; cependant, comme toutes les conceptions des hommes, elle présente un aspect faible : le droit est établi, le fait ne l'est pas. Les chambres, investies d'un grand pouvoir, auront-elles toujours des moyens suffisants pour exercer ce droit? Auront-elles une garantie durant cet exercice, et une autre garantie pour les actes qui en seront l'effet? Vainement on multiplierait les surveillants; qui surveillera les surveillants eux-mêmes? qui les mettra à l'abri de leur propre faiblesse? *Quis custodiet custodes?*

Raisonnons dans l'hypothèse où un grand coupable menacerait et nos libertés et le pouvoir des chambres et celui du roi, et la royauté elle-même. La même charte qui a conféré aux chambres le droit d'accuser et de juger, a placé sous l'influence ministérielle le trésor, l'armée, les promotions à tous les emplois, la nomination des présidents des colléges électoraux, et enfin la puissance de dissoudre les chambres accusatrices, de faire disparaître les monuments de l'accusation, de faire rebrousser la terreur dans l'âme des accusateurs.

Quel est le contre-poids de ce pouvoir? l'opposition passive des chambres? et quelle est l'âme de cette opposition? L'opinion, levier redoutable, sans doute, mais trop souvent écrasé sous le poids des entraves mises à l'émission de la pensée, ou détourné de sa direction par des moyens honteux.

Sans doute, tant de dangers n'étoufferaient pas des voix courageuses; et si un autre Verrès, si un autre Catilina menaçaient la patrie, un autre Cicéron terrasserait le dilapidateur; un autre tonnerait contre le traître. Mais si l'attentat éclatait durant les intervalles des sessions, qui le réprimerait? qui, même au sein de l'assemblée, oserait se compromettre, s'il songeait que sa proposition va devenir le signal de la dissolution des chambres ; dissolution qui laisserait le champ libre aux entreprises coupables ?

Cette dissolution des chambres siégeant comme cours de justice, et saisies d'un procès criminel, répugne, aux principes de notre législation criminelle; on ne récuse pas les juges, ils ne se déportent pas lorsque les débats sont entamés ; les évocations semblent aujourd'hui difficiles ; les parties ne peuvent perdre le droit d'être jugées par les mêmes juges qui ont instruit l'affaire. Peut-être l'accusé perdrait des protecteurs de son innocence déjà reconnue ; peut-être la société, partie dans ce grand procès, perdrait l'assurance d'un salutaire exemple ; un roi trompé, ou par les brigues qui serviraient un ministre coupable, ou par l'envie qui poursuivrait un ministre fidèle, courrait risque d'être entraîné à intervertir l'ordre de la justice.

Quelqu'ingénieuse que soit la fiction présentée par son excellence M. le garde des sceaux, je doute qu'elle suffise pour calmer les inquiétudes. « Considérée dans son carac-
» tère politique, a observé M. le garde des

» sceaux, la chambre peut être dite permanente. L'assemblée des députés est constitutionnellement une personne délibérante, dont les députés qui la composent sont, en quelque sorte, les pensées et les opinions. Par le renouvellement total ou partiel, il peut survenir des changements dans ses pensées, dans ses opinions, mais la personne ne change pas; elle conserve sa volonté, ses droits et ses devoirs, tels qu'elle les avait auparavant. » — *Elle conserve sa volonté!* L'assemblée de 1819 a-t-elle conservé la volonté de l'assemblée de 1815? une chambre renouvelée, ne ressemble pas plus à celle qui la remplace, qu'un corps dont on changerait l'âme, ne serait semblable, par la pensée, au corps où une nouvelle âme serait placée. Il n'y a que Rome qui prétende à la perpétuité du même esprit dans ses conciles.

Toutes les fois qu'en Angleterre le ministère a eu assez de pouvoir pour dissoudre les chambres accusatrices, l'accusation a cessé avec elles; il n'est qu'une seule exception, celle de lord Strafford, où l'instruction fut reprise par la nouvelle assemblée.

En admettant cette espèce de métempsycose, et en croyant au mystère politique de cette transformation de personnes différentes, avec infusion de la même volonté, serait-on bien certain que tous les ministres respectassent assez cet héritage de volonté, pour ne rien déplacer pendant l'intermittence des sessions? et il resterait encore dans le projet une lacune, car on n'y trouve pas, comment en l'absence des chambres, on nous garantirait de l'apparition soudaine d'un de ces grands attentats politiques, dont la répression ne saurait sans danger être différée un seul jour.

J'ai dit que les chambres ne tiraient leurs moyens de résistance que de l'opinion; j'ajoute que cette opinion ne peut se former que par la publicité des séances.

A la vérité, le projet porte dès l'art. 1er, que la dénonciation sera faite et suivie en séance publique; mais il porte aussi, *sauf l'exécution de l'art. 44 de la charte*, qui veut que sur la demande de cinq membres, elle se forme en comité secret, de telle sorte, que l'article ne dit ni oui ni non; mais n'aurait-on point fait une fausse application de la charte? l'article invoqué est au titre des séances de la chambre délibérant sur les lois; ses délibérations sur les délits, ne changent-elles pas son caractère, ne la transforment-elles pas alors en tribunal, et ne doit-elle pas, dans ce cas, tirer ses règles du titre de la charte relatif à l'ordre judiciaire? Or, l'art. 64 de ce titre dispose : — *Les débats seront publics en matière criminelle, à moins que cette publicité ne soit dangereuse pour l'ordre et les mœurs, et dans ce cas, le tribunal le déclare par un jugement.*

Ici, où serait le danger pour l'ordre? certes, ce ne serait pas dans une poignée de spectateurs bénévoles, qu'irait chercher ses soutiens un ministre audacieux. Ce ne fut pas là, que César, que Cromwel, que Buonaparte trouvèrent des soldats ; et où serait le danger pour les mœurs, quand des spectateurs, en voyant cet hommage à la loi, ce niveau de la justice, apprendraient dans ces débats que la loi, soit qu'elle protège, soit qu'elle punisse, est la même pour tous?

Redoutable pour le coupable, elle est, la publicité, la meilleure sauvegarde de l'innocence, et l'excitateur le plus puissant du député qui signale l'ennemi de la patrie.

Une nation qui veut conserver sa liberté, repousse ces actes ténébreux que Machiavel appelle *secrets d'état*, et que plus énergique, Tacite nomme *crimes d'état*; *dominationis flagitiæ.* Point de dénonciations secrètes! les chambres exposées à devenir les instruments de la lâcheté ou les dupes de la haine, seraient bientôt avilies. Il ne faut pas que l'on puisse faire à cette loi, le reproche que le savant historien Fleury faisait à la procédure criminelle : *on dirait qu'elle a été tirée du formulaire de l'inquisition.*

Bien plus nécessaire est ici la publicité; il s'agit de l'honneur d'un grand fonctionnaire: innocent, il ne peut donner trop d'éclat à sa justification ; coupable, il faut qu'il subisse la honte de voir dérouler aux yeux de tout un peuple les preuves de son infamie.

L'éclat des délibérations publiques exaltera peut-être l'ardeur des assaillants, mais il appellera aussi l'attention et le secours de tous les hommes de bien, plus qu'ailleurs enclins chez les Français à aider le faible à se révolter contre une injuste aggression. Le défenseur et le public auront plus de confiance dans cette solennité.

Comparez la chaleur de cette discussion, qui fait jaillir la vérité, au silence et à l'obscurité d'une procédure secrète : quelle attention portera-t-on à l'examen du procès, dans une délibération à huis clos, où chacun craindra peut-être de trop dire, et même de ne pas cacher assez son opinion ?

On louait devant le maréchal de Turenne l'extrême modération de *Letellier*, qui, pendant l'instruction du procès de Fouquet, n'avait pas dit un mot, et l'on blâmait l'emportement de Colbert, qui avait accusé sans ménagement : « je pense, répondit le maréchal, que M. de Colbert a envie que M. Fouquet soit pendu, et que M. Letellier a peur qu'il ne le soit pas.

Toute question présente deux aspects. On peut fort bien soutenir que l'accusation portée en comité secret, y serait reçue avec plus de calme, et jugée avec plus de réflexion ; qu'on s'y garantirait mieux de l'exaspération qui naît dans les cœurs les plus vertueux des mouvements oratoires, des récits exagérés, des assertions hardies ; que la passion ne serait point mise à la place de la justice, la vengeance substituée à l'intérêt de l'état ; mais tous ces dangers sont-ils donc évités dans les comités secrets ? n'y prennent-ils pas au contraire plus d'extension, parce qu'ils n'y sont pas atténués par le frein de la pudeur publique ? la lâcheté n'y trouve-t-elle pas plus d'excuses, l'intrigue n'y a-t-elle pas plus d'aliment? prendrait-on sans témoins, l'initiative d'une action courageuse? si elle est secondée du succès, elle demeurera sans gloire; si elle est repoussée, elle perdra devant l'autorité le citoyen courageux qui osera se dévouer dans l'obscurité, sans espoir de faire connaître les motifs de son entreprise. Tel soldat fut un héros au champ d'honneur, parce que ses camarades le voyaient; isolé sur la route, fut lâche. *Soldats du Nord*, disait avant une bataille, le général aujourd'hui roi de Suède, *l'armée d'Italie vous regarde*; et cette courte allocution fit périr dans leurs rangs presque tous les soldats qu'il commandait.

L'envahissement de l'état secret sur l'état de publicité, serait l'avant-coureur du triomphe de l'erreur sur la vérité; et s'il se présentait ce jour malheureux où l'accusation ne pourrait avoir d'effet que par une utile publicité, si pour déconcerter un traître, il fallait que le sénat, le peuple et son roi fussent à l'instant avertis des dangers qui les menaceraient tous, pourquoi faudrait-il perdre par l'épuisement de tant de formes, un temps trop court déjà pour armer tous les bras? Et je saisis cette hypothèse pour faire mieux ressortir l'objection contre le projet, qui, interprétant l'exercice du droit conféré à la chambre d'accuser, le restreint à la réunion de cinq députés.

N'y a-t-il point d'inconvénient à limiter ce que le charte n'a pas limité ? Tous et chacun des membres de la chambre semblent appelés à user de ce droit, sans que leur mouvement puisse être contraint. La règle proposée est-elle puisée dans nos mœurs ? Rome eut ses personnages consulaires, et l'on s'y honora d'appeler sur un traître la vindicte publique ; mais chez nous le dénonciateur et la dénonciation sont des choses odieuses : la plainte est accueillie parce qu'elle est justifiée par l'intérêt du plaignant qui souffre ; la délation et le délateur n'inspirent point cet intérêt. Pour qu'une accusation prenne de la dignité, il importe qu'on parle d'office ; et alors ne faudrait-il pas, au lieu de demander cinq députés de bonne volonté, disposer cette volonté, la forcer même, en décidant que *toute plainte portée contre un ministre sera examinée par cinq députés tirés au sort, qui en feront rapport.*

Si l'on attendait que cinq Curtius voulussent se précipiter dans le gouffre, il serait à craindre que le gouffre ne fût point fermé, et que l'on eût à se rappeler l'apologue du bon La Fontaine peignant le conseil tenu contre le méchant Rodillard. Le doyen, personne fort prudente,

« Opina qu'il fallait et plus tôt que plus tard
» Attacher un grelot au cou de Rodillard.
» La difficulté fut d'attacher le grelot.
» L'un dit : je n'y vais point, je ne suis pas si sot ;
» L'autre, je ne saurais ; si bien que sans rien faire
» On se quitta. . . . . »

Enfin, les travaux des comités chargés de procéder seront-ils secrets, ou seulement non publics? Cette bouche de fer, qui ne laisserait rien transpirer, serait plus que la publicité redoutable pour l'accusé : s'il répondait victorieusement, on discontinuerait les poursuites, et un rapport serait fait ; mais la cicatrice resterait empreinte sur lui, puisque le public ne saurait point si le hors de cour est prononcé parce que l'accusation fut injuste, ou seulement par défaut de preuves suffisantes. Et, en effet, ce cas de défaut de preuves suffisantes sera fréquent, sans que l'on en puisse conclure l'absolue innocence de l'accusé.

L'exercice du pouvoir délégué aux chambres semble avoir trois effets, suivant les trois cas auxquels s'applique la loi de responsablilité; c'est-à-dire, que les chambres auront trois moyens de réprimer les écarts des ministres, dans les trois circonstances où ils peuvent être aperçus.

1° Si les propositions de lois sont mauvaises, ou si les impôts demandés sont hors de proportion avec les ressources nationales et les besoins réels du gouvernement, les projets de lois pourront être rejetés, et les demandes d'impôts être ou refusées, ou réduites.

2° Si la trahison ou la concussion est manifeste, l'accusation sera portée.

Mais il se présente une troisième circonstance sur laquelle la charte a gardé le silence. Un ministre, sans avoir ni trahi son roi, ni opprimé sa patrie, ni dilapidé le trésor, aura cependant compromis les intérêts du roi et ceux de l'état, par son inertie, par son incapacité, par sa négligence, par des choix que la loi lui donnait le droit de faire, et qu'il a mal faits : que pourront les chambres? Cette masse de fautes porte le trouble dans la cité, et cependant aucune n'est caractérisée crime, aucune n'est punissable. Dans ce cas, le ministre est sauvé, mais l'état périt; car la répétition continuelle de ces actes en mine les fondements plus sûrement peut-être que ne ferait la trahison et la concussion. Les députés demanderont-ils au roi de changer ce ministre incapable? ils ne le peuvent, ils blesseraient la prérogative royale. Peut-être on obvierait à ce grave inconvénient, en faisant porter la responsabilité sur tous les collaborateurs des ministres, et en statuant, par une loi d'organisation, sur tout ce qui a rapport aux agents intérieurs et extérieurs du ministère qui, devenus légalement solidaires, préviendraient dans leur propre intérêt ces sommeils ministériels, capables de plonger l'état dans une mortelle léthargie : mais les députés ne sont-ils donc entendus qu'à la tribune et lorsqu'ils votent des subsides? Les députés, qui n'ont d'autre but que le bien public, savent qu'ils peuvent tout dire au roi. Il leur tient compte non-seulement des actes utiles, mais même du désir d'en produire de tels. Le roi a pris pour modèle son auguste aïeul; or, voici les rapports que Henri IV avait établis entre les députés des provinces et lui; il les proclama dans son discours à l'assemblée des notables de Rouen, discours que l'historien Péréfixe a conservé : « Je ne vous ai point appelé, comme faisaient » mes prédécesseurs, pour vous obliger d'ap-

» prouver aveuglément mes volontés. Je vous » ai assemblés pour recevoir vos conseils, pour » les croire, pour les suivre, en un mot, pour » me mettre en tutelle entre vos mains ; c'est » une envie qui ne prend guère aux rois, aux » barbes grises, aux victorieux comme moi ; » mais l'amour que je porte à mes sujets, et l'ex» trême désir que j'ai de conserver l'état, me font » trouver tout facile et tout honorable. » Et aussitôt, le roi ajoutant qu'il ne voulait pas par sa présence gêner la liberté des délibérations, se retira, laissant Sully pour donner les explications qui seraient demandées ; et ce fut alors que Sully fit entendre cette maxime : *La première loi du souverain est de les observer toutes ; il a lui-même deux souverains, Dieu et la loi.*

Une pensée a occupé de bons esprits. On s'étonne que les ministres ayent pour accusateurs et pour juges, précisément les députés et les pairs, avec lesquels leurs fonctions leur donnent des habitudes de tous les jours et presque des liaisons. Ces accusateurs, ces juges pourront-ils dire comme Tacite ? *Nec invidiâ, nec odio, nec amore cogniti.* Donner force à ce doute serait montrer pour les hommes beaucoup d'estime. Le nombre de ceux qu'enchaîne l'amitié, même la reconnaissance, est trop petit pour avoir rien à en redouter. Un ministre dans sa chute profonde, sera peut être secouru par ceux qui le bravèrent au faîte de sa puissance, mais rarement un autre Fouquet trouvera un autre Pelisson, et trop souvent il apprendra dans sa disgrâce le sens des paroles du vieux Gusman :

« Les humains que j'ai trop su connaître
» Méritent peu, mon fils, qu'on veuille être leur maître. »

Pour enchaîner à son char, le chef du dernier gouvernement avait employé d'incalculables moyens : il accablait ceux qui le servaient, de tout ce que l'état avait de places à donner, de tout ce que le trésor public contenait de richesses, de tout ce que le domaine avait de terre, de tout ce que l'imagination pouvait créer d'honneurs, de titres, de décorations ; et lorsque sa puissance s'évanouit, qui se montra plus disposé à flétrir sa mémoire, à condamner tous ses actes, à ne lui rien pardonner, pas même les bienfaits reçus ? Ceux précisément comblés de ses bienfaits ; tandis que les victimes de son ambition gémissaient sur les malheurs de la patrie, et gardaient le silence sur l'auteur de leurs maux. Ainsi pesée à la balance de la raison et de l'expérience, cette objection est de peu de poids, et il fallait le dire pour apprécier combien encore est frivole le vœu de ceux qui pensent qu'aucun député ne devrait occuper de place du gouvernement.

Ce vœu a été réalisé dans le royaume de Wurtemberg. Une ordonnance du roi, donnée le 29 janvier 1815, relativement à l'éligibilité des députés, en déclarant, article 21, tous les sujets du royaume aptes aux fonctions législatives porte textuellement l'exception suivante : « Ne sont point éligibles, durant l'exer-
» cice de leurs fonctions, tous les employés
» au service du roi, les ecclésiastiques et les
» personnes qui seront appelées à présider,
» diriger les élections. Si cependant ces der-
» niers ne sont pas au service du roi, il leur
» sera permis d'accepter une nomination faite
» par un autre bailliage. »

L'article 4 porte : « L'on ne donne point
» d'instruction particulière aux députés, at-
» tendu qu'à leur entrée dans l'assemblée, ils
» n'ont point à se régler d'après les instruc-
» tions qu'on leur aurait données, mais qu'ils
» doivent voter d'après leur propre et libre
» conviction. »

L'adoption d'une semblable mesure serait-elle un gage assuré de succès? Elle blesserait, en France, le droit d'éligibilité, dont on ne peut dépouiller tout Français remplissant les conditions prescrites par notre charte.

Nous ne sommes pas réduits à une vaine théorie : l'expérience fut faite par l'assemblée constituante; et malgré qu'alors beaucoup de places fussent à la nomination du peuple, le délaissement de celles à la nomination du roi fut une calamité; que faire? Attendre tout de l'amélioration de l'esprit public et empêcher l'empiétement de l'autorité sur les colléges électoraux qui, libres dans leurs choix, nommeront, comme ils ont fait, les plus dignes; et ceux-ci, au lieu de voir dans le scrutin qui porte leurs noms un ostracisme, une absorption, y trouveront les récompenses des services rendus, et l'occasion d'en rendre de plus importants.

Où serait l'inconvénient que la tribune des députés devînt la grande candidature des emplois les plus éminents? Si le peuple et le roi font de bons choix de députés et de ministres, ce sera une espèce de concession faite au peuple, qui ainsi nommera indirectement aux places, en présentant au roi les hommes capables de les occuper.

Si jamais les ministres intervertissaient ce vœu de la nation et celui du roi, il se trouverait encore des députés-fonctionnaires dignes, comme M. Dupont de l'Eure, de la confiance de leurs commettants, et servant le roi aux dépens de leurs propres intérêts. L'exemple donné par ce respectable magistrat trouverait des imitateurs; car une action courageuse est, chez les Français, une semence productive d'autres actions non moins courageuses.

A la vérité, ce sera à la tribune et dans les commissions que se présenteront les candidats nationaux plus souvent que dans les bureaux des ministres et à leur table.

Lycurgue et Solon ne préparèrent pas dans les fêtes et dans la dissipation la réforme de Sparte et d'Athènes. Ce fut au fond d'un antre que le législateur des Crétois traça son plan. Numa méditait les lois de Rome dans la forêt, au bord de la fontaine où le peuple le croyait inspiré par la nymphe Égérie. Ce sera dans la solitude des champs, entourés des cultivateurs dont ils observeront les besoins, ce sera près des ateliers des villes industrieuses, sur les côtes de nos deux mers, au sommet de nos arides montagnes et dans les plaines que baignent les grands fleuves que nos députés recueilleront toutes les idées utiles à la prospérité de l'agriculture, des arts, de l'industrie, du commerce, de la marine. La loi sur les élections en est le gage, comme celle sur la responsabilité sera le garant du concours des ministres pour le bonheur de tous.

Que si ce gage de salut s'évanouissait encore, et que ni la loi faite sur les élections, ni celle à faire sur la responsabilité ne nous donnassent ni de bons députés ni de bons ministres, alors il demeurerait démontré que puisqu'un collége électoral tout entier erre dans le choix d'un député, on doit moins être étonné quand le roi ne choisit pas d'excellents ministres, ou que les ministres s'égarent dans les nombreuses promotions qu'ils ont à proposer.

GARANTIES RÉCIPROQUES, DÉSIRABLES POUR LES MINISTRES.

La garantie accordée à tous ne saurait être refusée aux ministres, car avant d'être ministres ils sont citoyens. Aux droits du contrat social, dont sans doute on ne prétend pas les exclure, se réunissent les droits du mandat dont ils sont revêtus ; ce mandat est un contrat synallagmatique à l'égard du roi qui le donne, et du droit des gens à l'égard de la nation qui le garantit par toute sa volonté, par toute sa force, par toute sa fortune ; il doit emporter des obligations réciproques, il faut donc décider à quoi est assujetti le mandataire, et ce que lui doit le mandant.

La société est une compagnie d'assurance qui, en échange des services que chacun lui rend, garantit à chacun ses biens ; or pour un ministre, quel bien est au-dessus de l'honneur? S'il importe que de grands criminels trouvent dans la loi une répression proportionnée à la gravité de leurs attentats, il n'importe pas moins que la loi n'altère en aucune manière la considération personnelle et le respect nécessaire à l'exercice de leurs fonctions. Menaçante et entachée d'arbitraire, elle troublerait la liberté d'esprit, sans laquelle aucune grande conception, aucun travail utile ne seraient entrepris.

N'abusera-t-on jamais de la faculté laissée aux chambres d'accuser et de juger les ministres? Des plaintes inconsidérées, inspirées par le ressentiment d'espérances déçues, de prétentions dédaignées ne se cacheront-elles pas sous le voile du bien public? La malveillance et l'intrigue ne parviendront-elles jamais à détacher la patrie de ses plus fidèles, de ses plus utiles serviteurs ?

Quel citoyen avait mieux merité de Rome que Scipion? il avait plusieurs fois sauvé l'état. Vainqueur d'Annibal, il avait refusé la dictature perpétuelle, et cependant un seul accusateur, à qui tant de gloire faisait ombrage, le sévère Caton, que Tite-Live appelle *aboyeur*, parvint à le faire soupçonner de péculat.

Les grands services ne furent presque partout que des présages de grandes persécutions. Des jours purs que l'homme qui gouverne avec sagesse fait luire pour les autres, s'élèvent pour lui les nuages qui obscurcissent sa vie; l'envie suit le mérite, comme l'ombre suit les corps.

Qui nous dira comment les ministres réprimés dans les trahisons et les concussions seront ensuite défendus des attaques dirigées par les véritables traîtres, et concussionnaires ligués contre leur probité, et fatigués de leur sévère surveillance? ces attaques seront accréditées et soutenues par la médiocrité éconduite par l'ambition déçue, par la sottise humiliée. La multiude y croira. Celui qui fit tout pour conquérir l'opinion, sera immolé peut-être par l'opinion égarée.

L'histoire nous présente partout des tyrans et des ministres coupables impunis, et des ministres fidèles victimes de leur dévouement. Le sombre Louis XI mourut en paix, et Henri IV fut assassiné.

Le chancelier Michel de l'Hôpital fut poursuivi avec acharnement; les courtisans surnommèrent Sully, *le négatif*; au Louvre ils le calomnièrent, et ils le rendirent ridicule à la ville. Faut-il s'étonner ensuite si le ciel semble dans sa colère multiplier les mauvais ministres, pour venger les outrages faits aux bons?

Les cris de la cupidité et de l'ambition trompées seront entendus et répétés par une multitude ignorante; et l'on mettra en problème une conduite sans tache.

Il n'en est pas ainsi de la gloire militaire; le guerrier, couronné par la fortune, fait taire l'envie; il est admiré au dedans, craint au dehors; et les talents destructeurs l'emportent sur les talents utiles, les éclipsent et arrivent sans obstacles au temple de mémoire; tandis que celui qui protège l'agriculture, l'industrie, le commerce, celui qui fait fleurir les sciences, perfectionne les lois, assure le repos de la cité, traîne une vie inquiète et agitée; il est privé de cette liberté d'esprit nécessaire aux vastes conceptions d'ordre public; son âme contristée est forcée d'employer à sa défense personnelle un temps que réclament ses fonctions. Il est si pénible de songer à une justification quand la conscience ne reproche rien; si dangereux de s'en occuper quand l'intérêt public demande tous les instants! l'humiliation et les dégoûts sont incompatibles avec les sentiments élevés qui doivent occuper l'âme de l'homme d'état. Il triomphera, mais n'est-ce donc rien de livrer un ministre sur de faibles indices à l'humiliation des recherches de la justice? N'est-ce donc rien que la diffamation?

On ne parla jamais tant d'honneur que dans ces derniers temps, et jamais on ne prit moins de précaution pour en assurer la possession.

Beaumarchais, plaidant devant le parlement, s'écriait: « Celui qui m'ôte la vie, Messieurs, » m'enlève tout, jusqu'au sentiment du mal qu'il » m'a fait, au lieu que celui qui me note d'in- » famie se croit bien sûr de me laisser une » existence affreuse ». Mais s'il est vrai que la cicatrice laissée par la calomnie ne soit jamais parfaitement effacée, le crime du calomniateur à l'égard d'un grand fonctionnaire, prend un caractère qui le transforme souvent en attentat contre la sûreté publique. Il laisse dans beaucoup d'esprits un doute qui altère la confiance, il porte le découragement dans l'âme du fonctionnaire calomnié ; ou bien si celui-ci a assez de force pour vouloir lutter contre l'opinion égarée, et tenter encore de la ramener à lui, le soupçon qui l'environne nuit au dedans à l'exécution des desseins les plus louables, et au dehors, il lui ôte chez l'étranger la considération qui, dans les relations diplomatiques, ne sert pas moins que les armées. Eh! quels sont pour l'ordinaire les calomniateurs? Eschine, tout couvert des présents qu'il a reçus de Darius, accuse Philippe d'être vendu à Darius. L'on attaque sans vouloir jamais avouer que l'offense fut provoquée par une plus grande offense, et souvent celui qui se plaint est le plus coupable. Mme Dacier fait cette remarque : On demande à Polyphème, qui se présente l'œil tout en sang, qui l'a ainsi traité. Il répond : *C'est ce méchant homme auquel j'avais donné l'hospitalité*; et Polyphème ne dit pas que la veille encore il avait dévoré six des compagnons d'Ulysse, et que ce jour même il se préparait à en dévorer six autres.

Il est des cœurs pleins de fiel, ennemis irréconciliables de toute autorité qui ne sert pas leurs passions; ils hasardent la plainte pour faire acheter leur silence. Si la flatterie et la bassesse ne trouvent aucune porte ouverte, l'arrogance et la menace voient souvent tomber la barrière qui ne devrait s'abaisser que devant le droit.

Mais quel est donc l'objet de tant de haine et de tant d'envie, de tant de flatteries, et de traits si acérés, de tant de mépris pour la puissance et de tant d'efforts pour y parvenir? Le ministère : et qu'est-ce que le ministère? Un sépulcre couvert de roses. Les passants n'y voient que des fleurs; ceux qui l'habitent n'y trouvent en toute saison que dissolution et mort.

Le seul beau jour d'un ministre est celui de sa nomination ; il est dès le lendemain suivi de jours malheureux, traversés par des nuits troublées, par des travaux sans succès, par des calomnies, des dégoûts, des reproches, des préventions. Le travail qu'Hésiode nomme si bien le triste enfant de la nuit et de l'érèbe, est son inséparable poursuivant, le travail d'aujourd'hui sera le travail de demain; comme le malheureux Sysiphe, le ministre, en portant le fardeau à la cime du rocher, aperçoit derrière lui l'autre fardeau qu'il faudra venir chercher et porter encore sans espoir de voir terminer sa peine, à moins que la maladie ou une chute humiliante ne vienne substituer à des maux insupportables des maux encore plus grands.

Dans sa retraite, la justice qu'il rendit ne lui est comptée pour rien. L'injustice qu'il refusa lui est imputée à crime: bons ou mauvais, ses actes n'ont produit que des ingrats ou des ennemis. Puisse au moins, dans son désespoir, le sort lui présenter quelques souvenirs de ces événements qui, abîmant l'âme oppressée sous le poids de la contemplation des grandes catastrophes du monde, feront diversion à sa douleur, et lui apprendront qu'homme il a dû s'attendre à toutes les peines de l'humanité! tel Marius, fuyant le poignard du Cimbre qui le menaçait à Minturnes, et ne trouvant pas dans l'Europe toute entière un seul point où la proscription de Scylla ne mît ses jours à prix, se jette sur une frêle barque, gagne les bords africains; et quand il y aperçoit les cendres de Carthage, la ruine de cette grande cité, comparée à son malheur particulier, le force d'oublier ses chagrins, et lui fait encore verser des pleurs qui ne sont pas pour lui.

Le maréchal de Noailles qui fut ministre d'état, écrivait : *la différence qui existe entre l'administrateur et les administrés, c'est que les uns sont enchaînés par des chaînes d'or, et les autres avec des chaînes de fer.*

Un bon appréciateur des travaux des hommes, Henri IV, en parlant à Roquelaure de ceux de Sully, lui disait : *pour combien voudriez-vous mener cette vie là ?* Henri fut avant le jour le voir à l'arsenal ; il demanda où il était ; on lui répondit : il travaille dans son cabinet ; *ne pensiez vous pas*, dit le roi aux seigneurs qui l'accompagnaient, *que Sully serait à la chasse ou avec des dames ?*

Sully était levé tous les jours à six heures ; il expédiait les affaires jusqu'à onze heures ; à midi il dînait et donnait audience en sortant de table, à tous ceux qui se présentaient, en commençant par les moins riches, et par les gens de campagne ; il travaillait ensuite jusqu'à l'heure du souper ; on fermait les portes, et il se couchait à dix heures, à moins que des affaires extraordinaires eussent retardé le travail.

Au moins Sully était récompensé par la confiance de son roi ; l'espoir d'obtenir justice de son pays soutenait son zèle. La blessure de la calomnie était guérie, quand il entendait Henri lui dire : *lève-toi Sully! ils croiraient que je te pardonne!*

Le seul soupçon porterait le trouble dans l'âme d'un ministre fidèle ; il faut, ou que son roi l'éloigne, ou qu'il ne lui laisse aucun doute sur sa confiance. Bertrand du Guesclin, calomnié par le comte de Montfort, devant Charles de Blois pour qui son sang coula tant de fois, venant s'en expliquer avec ce prince ; le duc lui met la main sur la bouche : *tais-toi, as-tu besoin de m'apprendre qui tu es, et qui sont nos ennemis communs!* Mais, combien de princes, en reconnaissant la vérité, sont trop faibles pour la défendre. Charles Ier, signe à regret, et contre le cri de sa conscience, l'inique arrêt qui condamne Strafford ; l'imprudent ne voit pas que ce coup est précurseur de celui qui va le frapper.

Qu'il serait redoutable le jugement des ministres, s'il n'était confié à des corps qui comptent parmi leurs membres, beaucoup de personnes qui ont elles-mêmes parcouru la carrière avec gloire! Qu'elle est vaste cette carrière, et à combien d'incertitudes et d'erreurs s'expose celui qui ose en mesurer l'espace et en juger les mouvements! c'est un labyrinte sans issue, dont les détours ténébreux fatiguent celui qui les suit, sans le conduire à aucun résultat. Les combinaisons les plus compliquées, les calculs politiques les plus abstraits, échappent à la sagacité de l'observateur le plus intelligent, quand en méditant de si grandes opérations, il les considère comme des conséquences d'un plan suivi, dont il n'a pas le secret, dont il ne peut ni rapprocher les parties, ni deviner l'ensemble.

Ici, l'on se tromperait, si l'on espérait remonter des effets aux causes. La récolte n'est pas toujonrs le fruit de la semence. Les causes posées produisent souvent des effets inattendus. Le succès échappe ici aux plus savantes combinaisons. L'absolue nécessité place quelquefois hors des règles, et excuse des actes, dont la multitude qui ignore les causes blâme les effets.

Des opérations semblent ruineuses, mais, ce n'était qu'en tentant la cupidité d'avides citoyens, par des avantages exorbitants, qu'on pouvait en tirer des secours encore au-dessous des besoins. Il fallait opérer ainsi; l'état touchait à sa ruine, on en a empêché la dissolution.

Le bon événement, *bonus eventus*, dont les anciens avaient fait un Dieu qui portait dans ses mains un pavot, et avait un bandeau sur le front, n'est peut-être qu'un fantôme trompeur, il ne permet pas de se reposer.

Inopinément attaqué sur tant de points, celui qui se défend recueille difficilement les moyens de porter dans le cœur de ses juges la conviction de sa parfaite innocence.

L'entraînement des circonstances cause et excuse des fautes; sera-t-il méconnu? n'errerait-on pas, si l'on prononçait sans considérer les temps, les obstacles, sans se rappeler ce parallèle de Sully et de Colbert? *on doit tenir compte à Sully de tout le mal qu'il ne fit pas; on peut reprocher à Colbert tout le bien qu'il a négligé de faire.*

Distinguera-t-on toujours la faiblesse de la perversité? et l'infortune n'aura-t-elle point l'apparence du crime? Dans les calamités qui affligent les rois et les peuples, les idées sont trop souvent divergentes; le succès ou la chute entraîne l'opinion: les contemporains sont-ils juges compétents d'une cause malheureuse, dont la connaissance semble réservée à l'impartiale postérité ?

L'imagination se refuse à l'idée d'un Français, honoré de la haute confiance du prince, et revêtu de toute l'autorité nationale, dédaignant tant d'avantages, pour les échanger contre quoi et avec qui ? si un tel homme existait, il faudrait lui dire, comme le marquis d'Aubigné à madame de Maintenon : *vous ne voulez plus de votre état, vous avez donc la promesse d'épouser Dieu le père.*

Que la marche des ministres soit éclairée, qu'on les entoure d'une salutaire surveillance, que tous les yeux soient attachés sur eux ; mais qu'on les mette à l'abri des accusations calomnieuses. Comptez un peu plus sur la responsabilité morale. C'est de cette responsabilité morale, qu'il convient d'abord de s'occuper ; celle-ci tire toute sa force de l'opinion. Si l'opinion était corrompue, si la vertu était moins prisée que la fortune, si le succès justifiait les plus conpables entreprises, il n'y aurait plus de responsabilité morale ; malheur aux états qui perdraient ce levier de la prospérité publique !

Conservez dans le ministère et hors de lui, tout ce qui rend l'autorité utile ; en lui, une certaine indépendance, une liberté d'esprit, un calme que trop d'entraves détruiraient ; hors de lui, considération, confiance : le germe en serait étouffé, si on le circonvenait de trop de soupçons, et d'injurieuses précautions.

Le timide ne marchera pas, le fort s'indignera ; l'un et l'autre seront, ou en-deçà, où au-delà de leurs devoirs. Le plus honnête sera le plus séduit, parce qu'il sera moins expert à éviter les piéges, et à sonder les écueils multipliés sous ses pas. Toutes les fautes ne sortent pas nécessairement des passions ; il en est, qui sont l'effet inévitable de l'imperfection de notre ordre social ; tels plusieurs délits imputés aux ministres, victimes de leurs collaborateurs, ne peuvent être punis que par une autre loi sur les agents ministériels, et celle-ci encore ne doit être elle-même que le corollaire d'une autre loi sur leur organisatiou.

Un homme probe, appelé au ministère sous une loi de responsabilité qui le rendrait le bouc émissaire d'une nuée d'agents prévaricateurs sans solidarité, à moins d'avoir perdu le sens, repousserait ce funeste présent.

Sous les Guises, on offrit deux fois les sceaux à *Olivier de Neuville*, personnage illustre par son intégrité, par son esprit, par sa sagessse et son expérience; « ce magistrat, c'est de Thou » qui en fait l'observation, s'aperçut bientôt » qu'on l'avait appelé à la servitude plutôt qu'à » la première charge de l'état, et que l'on » voulait se servir de sa réputation pour auto- » riser les injustices dont on le forçait d'être » le ministre. »

En nous donnant des lois contre les injustes ministres, donnez-nous-en aussi qui mettent les bons à l'abri de l'ingratitude des rois et des peuples.

Ingrat! « *Ce mot*, observe Puffendorf, *renferme quelque chose de plus infâme que celui d'injuste.* » *Tous les tribunaux du monde ne suffiraient pas pour connaître des procès que produirait une loi qui donnerait action contre l'ingratitude.*

Avec des garanties légales, nous aurons des ministres qui, forts de leurs intentions, marcheront d'un pas ferme dans le sentier de l'honneur et du bien public; on pourra dire de chacun d'eux, comme Salluste de Caton d'Utique: *Il aimait mieux être homme de bien que de le paraître; et moins il était touché du désir de la gloire, plus elle semblait venir le chercher.*

Aux flatteurs qui exciteront le ministre à puiser dans le trésor pour créer une opinion factice, il opposera son indifférence : à ceux qui lui diront : votre silence est blâmé ; il fera la réponse de cet ancien Romain : *Que m'importe, pourvu qu'il n'y ait rien à blâmer dans mes actions.* On ne le verra pas, superbe Aman, s'irriter de ce que Mardochée ne fléchit point le genou devant lui. Moins jaloux de faire passer dans la fortune de sa famille la fortune de l'état, que de transmettre un nom et des exemples, il n'envisagera pas le toit de ses pères comme un lieu d'exil à éviter ; il le cherchera, au contraire, comme le port où il viendra se reposer des tempêtes. Ces orages, il les avait tous prévus. Il savait qu'il n'y avait pas loin de la roche tarpéïenne au capitole, où il jura de défendre l'état ; et quand il y viendra rendre grâces de ses succès, il ne sera point surpris d'entendre les reproches se mêler aux acclamations. Il sait que souvent le triomphateur, arraché de son char et voyant disparaître toutes les illusions de la gloire, fut violemment précipité du faîte de la puissance dans l'abîme toujours ouvert à l'inconstante fortune.

Garanties désirables pour les agents du ministère, et moyens d'assurer leur responsabilité.

Les institutions par lesquelles on essaya à diverses époques d'atteindre les ministres, furent toutes insuffisantes et vaines. La loi proposée aura-t-elle de meilleurs effets? Non, si l'on persiste à scinder la question; non, si l'on ne veut s'occuper que du jugement des ministres; non, si la loi n'atteint pas tous les agents ministériels participant à un acte illégal.

Passifs, les commis sont impunissables; si vous voulez les traiter comme complices des ministres, laissez-leur la volonté d'agir ou de ne pas agir; car faire périr un coupable sans volonté, et par conséquent sans tort, cela ne ressemblerait-il pas à ces stupides préjugés d'une honteuse servitude, qui voulaient que, pour honorer les funérailles du maître, un de ses esclaves descendît vivant au tombeau, et fût enseveli, par la seule raison que son seigneur ne devait pas rester-là gissant sans esclaves?

Le Dieu des vengeances ne tonne pas sur les faibles, et la foudre qui écrase le chêne fait grâce au roseau ; il semblerait que, par un juste retour du sort, les tempêtes politiques dussent renverser plutôt les colosses qui auraient bravé les temps.

Cependant le roi est inviolable ; et si les commis étaient insaisissables, le ministre, isolé, sans aucun point d'appui, ni au-dessus où il ne peut atteindre, ni au-dessous où l'on ne veut voir que du vide, ressemblerait à un voltigeur jeté entre le ciel et la terre, sans pouvoir monter ni descendre.

Les mêmes principes qui rendent la personne du roi inviolable et sacrée, font donc désirer que ses ministres deviennent impeccables ; ils le seraient, s'ils étaient entourés de collaborateurs partageant leur responsabilité légale, et non moins intéressés qu'eux à éviter les erreurs, les abus et la fausse direction du pouvoir. Mais si la question de solidarité est affirmativement décidée, cette autre en sera la conséquence nécessaire : *il faut aux commis une garantie contre l'arbitraire des ministres.* Or, cette garantie n'existe pas dans l'organisation actuelle de l'administration ; il importe donc de faire précéder la loi sur la responsabilité, d'une autre loi ou d'une ordonnance portant organisation des bureaux.

6

Cet argument est puisé dans la nature des choses. Parcourez les archives ministérielles, vous serez bientôt convaincus de l'impossibilité où se trouvent les ministres de rien faire par eux-mêmes. Si vous recherchez dans les cartons l'écriture de la plupart d'entr'eux, vous n'y trouverez que des approuvés au bas des rapports de leurs commis; encore ces approuvés n'y sont-ils tracés que par abréviation. M. de Turgot, seul, minuta de sa main les rapports au roi et les ordres qu'il donna.

Si les commis sont les véritables manipulateurs de ces actes qui font perdre au ministre la confiance de la nation, affligent les peuples et mettent l'état en péril, pourquoi ne nous parle-t-on que de ministres nécessairement passifs, et garde-t-on le silence sur les très-actifs commis? Il faut les enlacer avec les ministres; il faut que leurs devoirs soient concentriques; que les uns, si l'on veut, soient des astres, et les autres leurs satellites, mais que tous suivent la même rotation.

Observez le mécanisme du travail: le ministre décide tout; mais comment s'élaborent les décisions? quels éléments forment son opinion? Pour le personnel, on lui présente des faits; pour le matériel, des résultats de comptes.

Or, à moins de chercher des ministres hors de l'humanité, pense-t-on qu'il leur fût possible de vérifier les faits, les comptes dont la recherche, l'analyse et le résultat ont exigé l'attention de plusieurs centaines de commis? Le ministre est forcé de tenir pour certains les faits qu'on lui présente, et de baser ses calculs sur les résultats qui lui sont offerts; et encore a-t-il besoin d'une capacité plus qu'ordinaire pour ne point errer dans l'application qu'il fera à ces faits et à ces calculs, des lois et des ordonnances.

Les plus grands administrateurs sont méditatifs, et ne peuvent pas se déterminer à tous les moments. *Pison* avait la conception tardive, mais il pensait mûrement et sensément. Quand Homère loue Ulysse, il dit: *Pour le conseil, il pouvait être comparé à Jupiter même.* Ce temps si nécessaire à la réflexion, le ministre sera-t-il réduit à le perdre en investigations de pièces, en vérifications, qu'il lui serait impossible de faire? Son crime, quand il faut prononcer, serait de demeurer flottant, irrésolu; de se repentir, comme Cicéron, de ne pas suivre Pompée, et de n'oser se déclarer pour César: pour être digne de ses fonctions, il lui suffit d'avoir, comme ce gouverneur d'Auvergne dont parle de Thou, le courage et l'attention de tous les moments. L'esprit de conduite lui est plus nécessaire que l'esprit ; il a plutôt besoin de bien employer les talents des autres, que de compter sur les siens.

Mais si le ministre fait si peu par lui-même, tous ceux qui ont concouru à un acte dommageable, doivent participer au dédommagement. L'auteur immédiat de l'action, s'il n'a agi par aucune impulsion d'une force majeure, doit répondre le premier ; si, au contraire, il a agi sans volonté, soit que l'action soit déterminée par la violence, soit qu'elle ait été surprise, il est hors de cause ; il ne fut qu'instrument forcé ; c'est l'auteur que la raison recherche, et que la loi punit. Il est donc indispensable de déterminer comment un ministre pourra se garantir de la surprise de ses commis, et comment ceux-ci seront à leur tour garantis de la violence du ministre ordonnateur.

Le principe de l'obéissance passive dans la hiérarchie militaire, s'il ne peut être justifié dans toutes les circonstances, a moins d'inconvénients que n'en aurait la prétention du subordonné, de juger l'ordre de son officier avant d'obéir.

Il n'en est pas ainsi dans l'administration civile. Les devoirs du commis, avant et après la décision de son chef, sont très-différents : avant, il faut que les lumières, la conscience et la loi, dirigent les rapports qu'il présente ; après l'ordre reçu, il rentre dans la ligne tracée aux militaires a il obéit. L'acte qu'il exécute, s'il est contraire à son rapport, devient le fait du ministre ; auparavant il était le sien, et la responsabilité pouvait ne peser que sur lui, égarant ou trompant le ministre.

Ici les faits de complicité ne se rattachent pas seulement aux causes et moyens qui ont amené ou facilité le délit ; le commis a directement cooporé : il n'est pas simplement complice volontaire, il est auteur principal, et même seul auteur ; c'est le ministre, dans ce cas, qui est excusable. Le législateur, pour atteindre le but, ne doit donc pas restreindre la responsabilité à la dénomination de tels ou tels fonctionnaires, il doit l'étendre à tous les agents du gouvernement, relativement aux détails dont ils se trouvent chargés.

Dans l'état actuel de l'administration de France, la classe utile des commis, malgré qu'elle soit très-rapprochée des ministres par l'influence réelle qu'elle a sur le travail, en est trop distante par la considération que les ministres se réservent toute entière. Il est inconvenant que le collaborateur qui prépare les ordres à donner aux premiers fonctionnaires de l'état, n'ait parmi eux aucun rang.

Ils ne sont pas même reconnus par la loi, Un arrêt de la cour de cassation a décidé, le 21 mars 1807, que les employés internes des administrations ne doivent pas être considérés comme agents du gouvernement et ne doivent pas jouir de l'avantage accordé à ceux créés par des lois. Ainsi dans notre droit, les commis ne sont rien, tandis que dans le fait, ils sont tout.

Le fait ne peut changer, il faut donc changer notre droit.

Celui qui sent sa force s'indigne de cet oubli; il s'irrite de n'appartenir qu'à un homme quand il veut servir la patrie; et ses talents l'avertissent qu'il peut s'occuper de sa gloire aussi bien que de celle du ministre. *Alterius non sit, qui sui esse potest.*

Je ne parle ici que de ces commis enfants du travail, ne devant rien à la faveur et conservés dans leurs emplois par la seule raison qu'on ne peut se passer de leur expérience.

Le vice de l'organisation actuelle serait plus

mis à nu si vous portiez vos regards sur les états-majors des bureaux, superfétation inutile, embarassante et onéreuse. Chaque ministre se meurt avec un tourbillon de protégés. Combien de demi-puissants commencent et finissent avec lui comme ces Hamadryades, nymphes dont le destin dépendait du sort des arbres avec lesquels elles naissaient et elles mouraient?

Le faible roseau a besoin de l'appui du chêne orgueilleux; le lierre rampant s'élève avec la vigne à l'ombre de l'ormeau; mais combien de mousse parasite dessèche et fait périr le corps qu'elle enveloppe.

Eh! qu'est-ce encore, quand ces protégés se transforment à leur tour en protecteurs, pompent et absorbent la puissance, éclipsent l'astre de qui ils la reçoivent, et devenus appuis eux-mêmes, écrasent souvent le sol qui les porte?

Vainement alors, un ministre désabusé fait des efforts pour recouvrer son indépendance; il se souvient de la maxime d'un ancien: *Il est dangereux de déchirer violemment de vieilles liaisons, elles doivent être décousues avec soin.* L'insupportable confident a acquis des habitudes, des traditions, des secrets; une fatale nécessité l'enchaîne à son patron qui ne peut plus vivre *ni sans lui, ni avec lui.* Le confident lui-même, n'est pas plus content de son patron : malheureux l'un par l'autre, ils ne sauraient briser les chaînes qui attachent leurs destinées, il faudra qu'elles soient emportées par quelque coup violent qui les anéantira tous les deux.

Cet état précaire, malheureux pour les individus, onéreux à la société, cesserait si l'on voulait enfin donner au ministère une organisation qui, liant tous les agents depuis le chef jusqu'au dernier employé, présenterait à la société et aux agents du gouvernement de suffisantes garanties. J'oserai soumettre quelques idées : n'eussent-elles d'autre utilité que d'attirer l'attention sur ce sujet, on me saura gré peut-être de l'avoir indiqué. Toutefois je compte peu sur le succès des lois pour perfectionner l'administration de notre pays ; ce sont nos mœurs qu'il faut d'abord améliorer.

Depuis vingt-cinq ans le champ de la législation criminelle a été très-productif en France ; un code pénal a succédé à un autre code pénal, sans que les législateurs ayent jamais fait de grands efforts pour prévenir les crimes plutôt que de les punir. La voix de l'humanité d'accord avec l'intérêt de la société, crie sans cesse : *des lois et non du sang!* vainement aussi l'honneur français répète : *des récompenses plutôt que des peines*; ou semble ne vouloir considérer les hommes et la société que dans leurs infirmités, et l'on oublie que l'état de force et de santé n'est perdu que parce qu'on ne donne pas un régime approprié à ceux que l'on veut diriger.

Ces réflexions s'appliquent plus directement à notre sujet: il s'agit ici d'une législation qui semble devoir être toute morale; d'une législation dont le plus léger vice amènerait d'irréparables désastres; on veut ouvrir une route d'où les régulateurs des peuples ne puissent jamais s'écarter ; il faut supposer les hauts fonctionnaires dont on s'occupe mus pour l'ordinaire par les plus nobles sentiments, ou bien il faut désespérer du salut de la patrie.

Si par quelque calamité bien grande, un homme arrivait au ministère, dépouillé de toute idée généreuse, et qu'il fallût le réprimer par la terreur, à combien d'autres ce frein serait insupportable, tandis que les plus légers témoignages de l'estime publique en lui inspirant confiance en sa force, le rendraient propre aux entreprises les plus utiles. On ne voit pas que les auteurs des projets présentés ayent considéré la question sous cet aspect; eux-mêmes applaudiront au désir de suppléer à cet oubli.

Arrivé à ce période de mon faible essai, j'entreprenais de faire à chaque article du projet l'application des idées qui précédent, quand j'ai appris que la chambre des députés avait fait choix, pour composer sa commission préparatoire, de MM. Bedoch, Albert, Lainé, Courvoisier, Roy, le comte Beugnot, de Villele, Dupont (de l'Eure), de Corbiere. A ces noms révérés, j'ai reconnu et la haute importance que la chambre attache à cette discussion, et le peu d'utilité d'un travail si peu digne des profondes connaissances et de l'expérience acquise de chacun de ces honorables députés. Aucun des membres de cette commission, si un nouveau Denys de Syracuse l'interrogeait sur une grande difficulté, ne serait réduit à répondre : plus j'y pense, et plus la chose me parait obscure. Tous apercevront le but, et tous y arriveront sans déviation et sans ménagement. Cependant, j'aurais trop de regrets, si, avant de cesser d'écrire, je n'ajoutais quelques mots sur les moyens d'établir la solidarité des agents ministériels, et sur l'art. 27 du projet relatif aux peines.

Presque tous les membres de l'assemblée ont administré. Plusieurs, et particulièrement trois de ceux appelés à la commission, sont encore resplendissants de l'auréole ministérielle. Ils ont donc pu reconnaître que la cause du danger que l'on veut éloigner du ministère, est dans son organisation, car elle n'est pas étrangère à la science conjecturale des administrateurs, cette maxime de *Sydenham*, que si l'on connaissait parfaitement l'histoire de chaque maladie, l'on ne serait jamais embarrassé pour trouver à chacune un remède analogue : SI MORBI CUJUSLIBET HISTORIAM DILIGENTER PERSPECTAM HABEREM, PARI MALO REMEDIUM NON UNQUAM NON SCIREM ADHERERE.

La cause du mal étant avérée, serait-il impossible de la faire cesser sans boulversement, en changeant plutôt les mots que les choses, sans déplacer personne, sans dénaturer le caractère des fonctions établies, sans altérer en rien ce qui existe ; mais seulement, en mettant toutes les parties en harmonie, en les coordonnant de manière à n'en former qu'un tout présentant un faisceau d'autorité, de lumières, d'espérances, de garanties, qui donneraient au gouvernement une jurisprudence uniforme, une marche fixe, aux administrés une inaltérable sécurité, peut-être un exemple aux autres pays?

La loi de responsabilité, qui ne sera jamais que comminatoire dans un ministère où tout est arbitraire, frapperait les véritables coupables, dans un ministère dont les réglements seraient connus et invariables.

Si, par exemple, dans toute affaire traitée, il fallait faire une description des pièces produites et les enregistrer; si le rapport signé par le rédacteur, par le sous-chef et le chef qui l'auraient vu, par le ministre qui aurait donné une décision, contenant les observations ou l'assentiment unanime ou le dissentiment de l'un d'eux était conservé aux archives, il deviendrait au besoin pièce accusatrice des uns, et justificative pour les autres; le ministre et ceux sous ses ordres trouveraient dans sa conservation de réciproques garanties.

La signature des collaborateurs les rendrait témoins instrumentaires; elle confirmerait la vérité des faits, donnerait foi au ministre, et ferait reporter la responsabilité sur ceux qui auraient trompé sa religion.

Les rapports, les décisions et les ordres qui en seraient l'effet, porteraient l'indication des lois. Ainsi, à la décision pour perception d'impôts ou pour emploi d'impôts, la sommation de payer serait justifiée par la disposition légale qui ordonne le payement, de même que toute ordonnance de dépense serait précédée de la loi qui l'autorise.

Les décisions portant promotions et nominations à des fonctions ou à des emplois, relateraient la loi qui les crée et celle qui régle l'avancement.

Les particuliers auraient aussi une garantie dans la communication de ces pièces. L'objection administrative, qui a presque force de loi, qu'on ne doit rien communiquer aux parties, n'est fondée ni en droit ni en équité. Dans la procédure criminelle, l'accusé et son conseil ont droit à cette communication; dans la procédure civile, on ne peut faire usage d'aucune pièce non communiquée à la partie adverse. Devant les ministres, quel motif priverait de ce droit? Ou les pièces ne contiennent que vérité, et alors leur communication convaincra le solliciteur de l'inutilité de ses efforts; ou produites par des ennemis, elles donneront à l'homme lésé, les moyens d'en manifester les vices. Craint-on de compromettre le sévère rapporteur du bureau? mais qu'il prenne exemple du ministère public, qui ne craint pas de se trouver devant l'homme déhonté conduit dans le sanctuaire de la justice. Mais le ministre ne veut pas que l'on connaisse ses décisions; eh! tous les jours les juges, qui n'ont pas tant de moyens de se mettre à l'abri de la haine et des vengeances, proclament bien les leurs devant l'auditoire, en la présence des parties intéressées. Cette manifestation n'aurait qu'un effet, celui de forcer les commis à dire la vérité, et le ministre à obéir à la loi.

Ces réglements semblent devoir être précédés d'une organisation du ministère telle que tous les rameaux épars, rapprochés du tronc et réunis, pussent former un tout. Serait-il difficile de créer un corps de la chancellerie de France?

Dans toutes les professions on cherche gloire ou fortune; les commis dans leur état actuel ne trouvent ni l'une ni l'autre. Dans cette nouvelle institution, la gloire serait assurée, la stabilité ne serait pas douteuse, l'état économiserait; car l'administration d'un corps est toujours plus économique. On ne pourrait l'enrichir, mais on pourrait l'honorer, non de l'honneur que tout homme, dans quelque position qu'il soit, peut tirer de sa propre estime et que la loi ne donne pas, mais de celui que Puffendorf définit, *la différence que le prince établit entre des citoyens également estimables entr'eux.*

C'est dans les corps que se perpétuent mieux les traditions, les bons principes, les maximes sages; c'est dans les corps que la flétrissure d'un des membres, pouvant rejaillir sur tous, les précautions sont prises pour n'y admettre ou n'y conserver aucun indigne.

La division des agents, celle des agents intérieurs et extérieurs d'un même ministère sont très-modernes; elles furent l'effet du désir de se perpétuer chacun dans sa localité. Le corps des clercs du secret auquel ont succédé et les commis des ministres, et tous les agents répartis sur tous les points formaient un seul corps. On les voyait tour-à-tour au ministère, dans les provinces, aux armées, partout où la surveillance du ministre apellait ses représentants. Cet alternat leur faisait connaître à la fois la théorie et la pratique. Il semble que depuis deux siècles, et tandis que les sciences faisaient tant de progrès, la science administrative ait, quant à son personnel au moins, rebroussé vers les ténèbres. Croit-on qu'un chef de la guerre, qui au lieu de faire les premiers pas de son important emploi dans un cabinet, aurait pendant de longues années, parcouru tous les différents services, jeune minutant des expéditions, peu après passant dans les régiments pour seconder les quartiers-maîtres, les payeurs, revenant dans les bureaux, les quittant encore pour occuper des places dans les administrations des vivres, des hôpitaux, revenant encore au centre et y obtenant encore un grade plus avancé; devenu sous-chef, retournant aux armées occuper une sous-intendance, n'arrivant au dehors à l'intendance ou au dedans à l'emploi de chef, que par tous ces échelons, croit-on qu'il fût moins digne de confiance, de titres et d'honneurs?

Pourquoi celui de la marine ne serait-il pas soumis à cet alternat dans les bureaux, dans les ports, sur les vaisseaux et dans les colonies? celui des finances, dans les emplois financiers? celui de l'intérieur, dans les sous-préfectures, secrétariats-généraux et préfectures? celui de la justice, dans les greffes des cours, dans les bureaux du ministre et dans les fonctions de procureurs du roi et de procureurs-généraux? celui des relations extérieures, dans les consulats, dans les secrétariats d'ambassade?

Pourquoi une école spéciale ne préparerait-elle pas aux services administratifs? Les magistrats ont leurs écoles, les militaires, les corps savants ont les leurs, nul ne se dispense de l'apprentissage des fonctions dont le bon exercice est la seule garantie de la fortune publique, de la sûreté de la cité et des droits des citoyens. La science administrative serait donc seule improvisée? les ignorants appellent l'administration un métier; ceux qui l'ont étudiée, savent qu'elle est une science tellement compliquée, que pour acquérir les connaissances nécessaires à une seule de ses branches, la vie toute entière est courte.

Le corps royal de la chancellerie de France, honoré par la possession de tant d'hommes de de mérite, le serait par le roi qui y trouverait les membres les plus utiles de ses conseils.

J'ai développé dans un autre ouvrage (1) les bases de l'institution d'un corps royal de la chancellerie de France, et les règles par lesquelles il pourrait se mouvoir de manière à donner force et ensemble à l'exécution des lois, ordonnances et décisions, assurer à la fois l'amélioration du sort des administrés et celle des administrateurs, présenter des moyens de ga-

(1) *Histoire de l'administration de la guerre*, par Xavier-Audouin, *tome* 3.

rantir la conservation des droits et l'accomplissement des devoirs de chacun, empêcher surtout que la loi sur la responsabilité ministérielle ne fût que comminatoire et spéculative.

Je me trompe peut-être, et aussi mon désir est bien moins d'obtenir l'approbation de mon plan, que de voir quelqu'un plus habile en développer un meilleur. Puissai-je entendre nos orateurs accoutumés au succès tracer la marche à suivre! Mais du moins plus de ces réformes intempestives, plus de ces mesures d'économie qui doublent les dépenses de l'administration, plus de ces préambules où en prodiguant les mots d'humanité, l'on réduit des pères de famille au désespoir, plus de pensions à des hommes valides qui demandent avancement et non pas retraite, ne laissez plus entrer, mais ne faites pas sortir! Ceux qui occupent, à quelque titre qu'ils ayent reçu leurs emplois, ont acquis une espèce de prescription. Faibles peut-être dans leur début, ils savent à présent ce qu'il faudrait montrer à d'autres.

Économisez sur les choses plutôt que sur les personnes; moins de faste dans le matériel, et un peu plus d'aisance aux travailleurs. J'ai vu pendant la paix tous les bureaux de la guerre, de la marine et des affaires étrangères réunis à

Versailles sous le même toit; j'ai vu tous ceux de la guerre placés à Paris dans le seul hôtel de Choiseul, et alors la France comptait sous ses drapeaux, 1,200,000 combattants; et à présent des quartiers de Paris sont transformés en camps des ministres. Autrefois le ministre, les adjoints au ministère et secrétaires généraux avaient seuls des logements dans l'hôtel. A présent chacun occupe son palais, et a des commensaux. Les sous-chefs travaillaient dans les bureaux des commis qu'ils stimulaient moins par leurs leçons que par l'exemple; ils donnaient leurs audiences debout derrière un modeste paravent; à présent ils ont des salons et reçoivent société. Les appointements des employés étaient honorablement fixés et régulièrement payés; mais les chefs de division étaient réduits à 6,000 fr. le secrétaire général en recevait 8,000, les adjoints au ministère, ayant par la loi de leur création la signature, et entrée au conseil, avaient 10,000 fr. d'appointements. Combien donne-t-on aujourd'hui aux chefs?

Si des réformes semblent encore indispensables, au moins que les réformateurs portent sur leurs étendards cette devise : PARCERE MISERIS; et que s'ils sont forcés de frapper, ils y ajoutent, DEBELLARE SUPERBOS : La suppression d'un chef est égale en économie à celle de dix commis, et pour le travail sa présence est loin d'en égaler dix. Au moyen de la cumulation invétérée de titres et d'appointements, le chef supprimé, outre sa fortune considérable, quelquefois et facilement acquise, conserverait encore une ou plusieurs places, tandis qu'il ne resterait rien au commis réformé. Ces paroles sont dures, mais il est dur aussi que les contributions de vingt villages suffisent à peine à l'entretien d'une de nos minimes puissances. Si le spectacle de notre commune misère les touche assez peu pour qu'ils résistent à quelques sacrifices, peuvent-ils être étonnés de nous trouver peu disposés à accroître leur fortune. Les fonds employés depuis une vingtaine d'années seulement en acquisitions, réparations, loyers d'hôtels, emménagements et déménagements de ministres, sous-ministres, commensaux, commis et mobilier, fournitures d'appartements et de bureaux, eussent payé les constructions d'hopitaux, d'écoles, de ponts, de routes vainement réclamées, et qui seront long-temps attendues. Pendant que j'écris ces lignes, j'ai sous les yeux un historien d'Angleterre, qui répète les reproches faits par les contemporains de Thomas Becket, chancelier sous Henri, père de Richard Coeur-de-Lion. L'historien accuse le chancelier de prodigalité, et il voue au mépris de la postérité cet arrogant ministre qui, dit-il, porta au cœur de la Grande-Bretagne, le luxe et la mollesse des mœurs asiatiques; et quand l'historien arrive à la preuve de ces somptuosités il dit: chaque jour les siéges des appartements du chancelier étaient couverts de paille fraîche et de foin bien net afin que les personnes qui venaient le voir ne gâtassent pas leurs magnifiques vêtements en s'asseyant sur des planches malpropres ». Si cet écrivain vivait, il est douteux que les ministres voulussent faire recréer pour lui la place d'historiographe de France.

DES PEINES A INFLIGER AUX MINISTRES PRÉVARICATEURS.

Le coupable ministre a offensé la nation et le roi; plusieurs générations peut-être souffriront des malheurs qu'il appela sur la patrie. On peut ici rappeler la maxime italienne: « La tyrannie des ministres est chose insupportable aux peuples; vouloir et ne pouvoir faire le bien est l'infortune du prince. » RESA INSOP-

PORTABILE A POPOLI LA TIRANNIA DE MINISTRI. INFELICITA DE PRINCIPI, VOLERE NON POTER FAR BENE.

Parler le langage de la modération devant des peuples et des rois irrités, serait courir risque de n'être pas écouté; néanmoins, si la vengeance du prince est blâmable quand elle outre-passe les bornes d'une juste défense, exagérée et violente, celle de la société serait-elle excusable? Il est donc permis de soumettre quelques doutes sur les dispositions pénales du projet de loi, et de ne pas penser avec M. le garde des sceaux « qu'elles conviennent d'un côté à la nature des crimes, de l'autre à la situation des coupables. » D'abord grâces soient rendues aux auteurs du projet pour avoir écarté des peines toute flétrissure. La faute d'un ministre est un crime dans l'ordre public; la punition a pour but de rétablir l'harmonie sociale qu'il a troublée; mais humiliante, la peine produirait un effet contraire, car dans ce cas et dans l'esprit de la multitude, la flétrissure de la personne se communiquant à l'autorité dont cette personne fut revêtue, le peuple qui mépriserait le ministre, serait très-enclin à peu considérer le ministère.

Ne rétrogradons pas. C'est surtout aux délits

politiques qu'est applicable la maxime : *l'infamie de fait est attachée à l'arrêt, l'infamie de droit l'est à l'action*, maxime si bien exprimée dans ce vers :

« Le crime fait la honte et non pas l'échafaud. »

Bien avant que nos lois eussent mis les familles à l'abri de l'injuste préjugé qui les rendait solidaires de torts qu'elles n'avaient point partagés ni pu empêcher, l'opinion s'était déjà arrêtée devant les condamnations pour délits politiques. Les familles des *Montmorency*, des *Biron*, conservèrent leur splendeur et ne cessèrent point de bien servir leur patrie et leur roi. Le père du maréchal de Luxembourg avait péri sur l'échafaud, le fils du surintendant Enguerrand de Marigni devint chancelier ; le maréchal de Belle-Isle, ministre de la guerre, était petit-fils du surintendant Fouquet. Un jour peut-être les enfants des compagnons d'armes du maréchal Ney, seront conduits à la victoire par les intéressants orphelins du vainqueur d'Elchinghen et de la Moskowa.

Mais, avoir dégagé les peines de toutes circonstances humiliantes pour les familles ou inconvenantes pour l'autorité, est-ce avoir fait assez? les condamnés eux-mêmes n'inspirent-ils à la société aucun intérêt? l'humanité ne réclame-t-elle pas pour eux des garanties contre l'erreur des jugements politiques?

J'aborde sans déguisement la difficulté. La peine de mort sera-t-elle gravée sur la table de la loi? l'intérêt de la société, d'accord avec celui de l'humanité, n'en demande-t-il pas la suppression?

Je ne parle ici que de la proposition subsidiaire relative aux délits politiques, laissant au temps à nous éclairer sur la proposition principale, celle de l'abolition générale.

Retranché sur ce terrain, je n'ai pas à examiner si la société a ou si elle n'a pas le droit de priver de la vie un de ses membres. Sous le point de droit, je le sens, la discussion ferait peu de progrès. Les uns refuseraient tout, les autres accorderaient tout. Ici, comme ailleurs, les exclusives prétentions obstrueraient tous les abords de la vérité (1).

---

(1) Deux opinions divisent les criminalistes. Les uns, partisans de la peine de mort, et dans leurs rangs sont distingués Montesquieu et M. Merlin, soutiennent dans leurs argumentations que la peine de mort est en

Reconnaissons, dans la société, le droit de vie et de mort sur tous ses membres, et examinons s'il lui est utile de faire usage de ce

---

harmonie avec le délit. Si j'ose émettre une opinion, je pense qu'ils sont entraînés plus par l'idée qu'ils se forment de l'utilité de la peine de mort, que par le droit de l'imposer.

L'un des partisans de cette doctrine, Hobbes, qui écrivait au temps où il voyait sa patrie en feu, avança d'horribles maximes. « LES HOMMES, écrivait Hobbes, » N'ONT REÇU DE LA NATURE QUE DES BESOINS ET DES » PASSIONS; L'HOMME EST NATURELLEMENT MÉCHANT ET » DANS UN ÉTAT DE GUERRE; CHACUN EST PORTÉ PAR SON » PROPRE PENCHANT OU A SE DÉFAIRE DES AUTRES POUR » QU'ILS NE LUI DISPUTENT PAS LES BIENS DONT IL A BE- » SOIN, OU A LES ASSERVIR, AFIN QU'ILS CONTRIBUENT A » LUI PROCURER CES BIENS ET A SATISFAIRE SES PASSIONS. » Certes, si les hommes étaient en effet tels que les représente Hobbes, ce ne serait pas seulement à la mort d'un condamné qu'il faudrait applaudir, on devrait former des vœux pour l'anéantissement du globe, peuplé par une race si perverse.

Heureusement les partisans du système contraire nous apprennent à nous estimer un peu plus. Ils joignent au sentiment toute la force du raisonnement.

Beccaria et Jérémie Bentham ne reconnaissent point ce droit d'ôter la vie; il n'appartient qu'à Dieu qui la donne. Suivant eux, la société n'a pas plus de droit sur droit pour la répression des délits politiques. La négative peut être soutenue par plusieurs motifs.

Et d'abord, la mort n'est pas une peine; elle est la cessation de la vie, terme inévitable du bon comme du méchant. Les disciples de Socrate lui annoncent en pleurant que les juges l'ont condamné à mort : ALLEZ LEUR DIRE, répond le sage, QUE LA NATURE EN NOUS DONNANT LA VIE, LES A CONDAMNÉS, AINSI QUE MOI, A LA PERDRE UN JOUR.

Objectera-t-on que ce jour est incertain?

---

l'homme que l'homme n'en a sur lui-même; celui-ci a-t-il pu concéder autre chose que ce droit dont il était maître? *Nemo dat quod non habet.* L'homme a-t-il un pouvoir absolu sur sa propre vie? N'en est-il pas comptable à Dieu, qui crée et détruit? Si donc l'homme eût fait cette concession, le contrat social eût été un suicide; l'homme n'a renoncé qu'à la portion des biens dont le sacrifice était nécessaire à la paisible jouissance des autres; or quelle compensation lui eût offert la société pour le sacrifice de sa vie? Ces principes, savamment développés dans les assemblées constituantes, avaient motivé la loi du 4 brumaire an 7, portant qu'à dater du jour de la publication de la paix générale, la peine de mort serait abolie. Les partisans du système opposé firent abolir cette loi le 8 nivose an 10.

mais, pour que cette objection eût quelque force, il faudrait prouver que la longévité fut un bien. Entendez Œdipe dans ses imprécations contre le meurtrier de Laïus, qu'il ne connaît pas encore : il ne demande pas aux Dieux la peine du talion, mais il s'écrie : PUISSE-T-IL MOURIR LE DERNIER DE SA RACE ! paroles qui ne peuvent être bien comprises, ni par les célibataires, ni par les jeunes hommes ; ils ne savent pas de quelle douleur est accablé un père, quand après avoir espéré que ses yeux débiles seraient un jour fermés par la main d'un fils chéri, il voit l'ordre de la nature tout-à-coup interverti, maintenant réduit à recevoir le dernier soupir de ce fils qui expire dans ses bras défaillants !

Il ne craint pas la mort, il répète plutôt avec le vieux Lusignan :

« Hélas ! et j'étais père, et je ne pus mourir ! »

Craint-il davantage, le condamné que l'on mène au supplice ? Coupable, il préfère mille morts aux tourments qui le déchirent, s'il est encore susceptible de remords ; et toujours il préfère la mort aux longues souffrances des travaux forcés, ou d'une captivité sans fin. Innocent, il court sous la hache qui va l'arracher à un monde injuste et le placer près d'un Dieu consolateur, où il oubliera les erreurs des juges et les calamités de la vie.

Mais, dites-vous, ce n'est pas de l'intérêt du condamné qu'il s'agit, c'est de l'intérêt de la société. Eh bien! l'exercice de ce droit est-il nécessaire à la société? L'offense reçue doit être vengée; mais ne lui nuisez-vous pas, au lieu de la servir? Cette vengeance ne ressemble-t-elle pas à celle du duelliste, qui, pour obtenir réparation de l'injure, met sa propre vie en péril? Vous ajoutez: « on sacrifie quelquefois un membre pour conserver le corps. » Oui, lorsqu'il n'est aucun autre moyen de le conserver. Ici, désespérez-vous d'en trouver un moins funeste?

La société se meut, comme corps politique, par les mêmes règles qui dirigent l'homme dans l'état de nature. Or, dans l'état de nature, nul, sans transgresser les lois gravées au cœur de l'homme, ne peut tuer que dans l'extrême nécessité, et lorsqu'il ne reste aucun autre moyen de résister à une injuste agression. Ce principe, dans l'état de nature, EUT-IL ÉTÉ NÉCESSAIRE DE TUER CELUI QUE LA SOCIÉTÉ CONDAMNE, doit être le type des lois prononçant la peine capitale : or, pour faire reconnaître cette nécessité, il faudrait présenter un cas où la société ne pût, par aucun moyen, soumettre celui qu'elle tue, par exemple, le flagrant délit dans une révolte armée. Mais, comment un ministre que l'on aura pu accuser, emprisonner, juger, condamner ; un ministre qui sera prêt à courber sa tête sous la hache des licteurs, pourrait-il mettre la patrie en danger ? Donc, et par cela même qu'il est possible de lui faire subir la peine capitale, cette peine n'est pas nécessaire à la sûreté de la cité.

Est-elle utile ? En d'autres termes, est-elle réparatoire ? Non : les peines trop sévères souillent la législature ; elles affligent l'humanité ; elles font naître la pitié ; la pitié favorise l'impunité. Tel eût tout donné pour amener la disgrâce d'un ministre accusé, qui, à présent, ferait des sacrifices pour lui conserver la vie. Si la loi eût été fondée plutôt sur des principes de modération, que sur des dispositions sévères, elle eût été exécutée ; terrible, elle sera illusoire. Rien ne dispose tant les juges à l'indulgence, que la rigueur de la loi ; soumis, ils ne peuvent la faire fléchir ; mais faibles, ils ne peuvent pas l'appliquer.

Et de quels hommes s'agit-il ? De ministres

qui parcourent tous les degrés de l'administration publique, de la magistrature, de l'armée; de ministres dont les souvenirs, les traditions, l'expérience, peuvent encore être mis à contribution, et offrir à la patrie quelque compensation du mal qu'ils lui firent. N'oublions pas que presque tous les prisonniers d'état publièrent des mémoires profondément médités, et souvent utiles. « COMBIEN, disait en mourant le savant Haller, COMBIEN UN SEUL INSTANT EFFACE D'HEURES DE TRAVAIL ! »

La nature est avare de grands caractères et de génies vastes; il en apparaît par intervalles, conservez-les. Tel a tort aujourd'hui, qui demain expiera sa faute en sauvant l'état. Ménagez surtout les hommes énergiques; presque toujours leurs fautes ont une cause pardonnable. Dans les partis qui, sous des couleurs diverses, désolèrent la France, tous eurent des torts.

« *Illiacos intra muros peccatur et extra.* »

Mais, certes, ce ne furent par les hommes énergiques qui opprimèrent le faible, pillèrent le trésor public, s'emparèrent des fortunes privées; ceux qui ont survécu vivent dans une honorable indigence; ils furent donc probes, et leurs torts relatifs autorisent chaque parti à dire de celui des siens que l'on blâme encore de n'avoir pas vu alors comme on voit aujourd'hui.

« S'il était chrétien que ferait-il de plus ? »

Sans des passions fortes et vives, les actions héroïques et les grands talents n'éclosent jamais ; au lieu d'étouffer ces utiles germes, dirigez-les ; faites qu'ils réchauffent et n'embrasent pas.

A l'opinion sur l'abolition de la peine de mort, combattue comme essai d'une philosophie dangereuse, on opposera l'opinion de tous les temps ; mais de ce qu'une opinion est ancienne, doit-on conclure qu'elle doit durer ? La vétusté est loin d'être un signe de force et de solidité. Oui, presque tous les peuples ont admis cette peine dans leur législation criminelle ; eh bien ! appliquons ici la maxime de Montesquieu : IL FAUT, dit le président de Montesquieu, ÉCLAIRCIR L'HISTOIRE PAR LES LOIS, ET LES LOIS PAR L'HISTOIRE.

En procédant ainsi, vous apercevrez deux causes dans l'impulsion donnée aux peuples anciens ; l'une, la seule qui nous touche, était la répression du crime par l'exemple, mais l'autre, prépondérante chez eux, était l'idée d'un sacrifice plus agréable aux dieux qu'utile aux hommes. C'était cette idée qui disposait certains peuples à considérer comme très-honorable l'exécution des jugements; tels les Hébreux chez qui tous les jeunes hommes lapidaient les condamnés.

Chez les peuples d'Asie et dans l'Europe, on ne donnait pas la mort seulement aux coupables en expiation de leurs crimes, on la donnait aux plus innocents pour obtenir des grâces des dieux, on immolait les têtes les plus chères; ainsi chez les Danois, le premier roi, de Vermelonde, fut brûlé sur l'autel d'Odin, dieu terrible et sévère qui vit et gouverne les siècles, et ce qui est haut et ce qui est bas. Un roi de Suède sacrifia sur les autels d'Upsal neuf de ses fils afin d'obtenir pour lui-même une grande longévité. Chez les Germains et chez les Gaulois, les juges étaient à la fois prêtres, sacrificateurs des victimes offertes et exécuteurs des coupables qu'ils avaient condamnés.

Est-ce donc dans ces préjugés, production de temps barbares, que nous trouverons quelques lumières. Les anciens avaient fait de la mort une divinité engendrée par la nuit sans le commerce d'un autre dieu. Ils attribuaient celles violentes, non à la justice mais à la colère d'Apollon, à Diane, à l'influence maligne des astres. Le jour où l'on cessait de vivre était le jour des parques, c'était l'ordre du destin aveugle et inflexible, c'était la loi de la nécessité. Aussi délaissaient-ils facilement ce droit de vie et de mort aux rois sur leurs sujets, aux époux sur leurs femmes, aux pères sur leurs enfants, aux maîtres sur leurs esclaves. Nous avons emprunté de leurs discours ces locutions : *glaive de la justice, hache de la loi.* Revenons à l'emblême plus doux de la balance de Thémis et du bandeau qu'elle porte avec modestie pour qu'aucune lumière étrangère ne trouble les seules lumières de sa conscience.

La législation criminelle a suivi la marche de la civilisation ; l'abolition des combats judiciaires, celle des tortures, celle de la question, celle des supplices atroces, sont des époques correspondantes aux époques des progrès des lumières. Si aujourd'hui, ces progrès sont encore plus sensibles, pourquoi la législation qui en suit toutes les phases demeurerait-elle stationnaire ?

Les noms des législateurs animés par l'amour de l'humanité traversent les siècles entourés de la reconnaissance des générations : ceux des inventeurs de supplices qui révoltent la pensée sont poursuivis par l'exécration publique ; leurs ombres errent au champ des cyprès ; que dis-je, presque toujours eux-mêmes périssent dans le gouffre qu'ils ouvrirent ; tels, Phalaris et Dédale, et Procustre aussi.

Sans chercher des leçons dans la fable, par combien de faits, nos annales confirment le vieil adage, A QUI MAL VEUT MAL ARRIVE ?

Le ministre Marigny avait dressé les fourches de Montfaucon, il y fut attaché. On y attacha après lui, celui qui avait donné l'ordre de les réparer. Chez nos voisins, que l'on nous cite comme des modèles à suivre, presque tous ceux qui descendirent dans l'arène, pour combattre les ministres, furent bientôt terrassés à leur tour. On connaît le discours prononcé à la chambre des pairs d'Angleterre par le comte de Carnava, en réponse à ceux qui voulaient faire le procès au comte de Damby. L'orateur s'exprima ainsi : « Je sais » assez mal le latin, mais très-bien l'anglais, » et je connais l'histoire de mon pays. J'ai ap» pris les suites fâcheuses de ces sortes de

» procédures, et le sort funeste de ceux qui » les ont entreprises. J'en pourrais citer » plusieurs exemples; mais je ne remonterai » pas plus haut que la fin du règne d'Elisa- » beth.

» En ce temps, le comte d'*Essex* fut pour- » suivi par sir *Walter Raleigt*, et vous savez » ce qui est arrivé au comte d'*Essex*; milord » *Bacon* poursuivit *Walter Raleigt*, et vous » savez ce qui est arrivé à milord *Bacon*. Le » duc de *Buckingham* poursuivit milord *Ba-* » *con*, et vous savez ce qui est arrivé au duc » de *Buckingham*. Sir *Thomas Wenthorth*, » depuis comte de *Strafford*, poursuivit le » duc de *Buckingham*, et vous savez ce qui » est arrivé au comte de *Strafford*. Sir *Henri* » *Vone* poursuivit le comte de *Srafford*, et » vous savez ce qui est arrivé a sir *Henri* » *Vone*. Le chancelier *Hyde* poursuivit sir » *Henri Vone*, et vous savez ce qui est arrivé » au chancelier. Sir *Thomas Calbara*, à pré- » sent comte de *Damby*, a poursuivi le chan- » celier *Hyde*, mais qu'arrivera-t-il au comte » de *Damby*? c'est ce que nous allons ap- » prendre par votre décision. En attendant, » que celui qui veut poursuivre le comte de » *Damby* paraisse, et il ne sera pas difficile

» de lui prédire ce qui doit lui arriver à lui-
» même. »

Sans sortir de notre France, où sont aujourd'hui ceux qui rédigèrent les codes sanglants de notre révolution? Une exception s'offre pourtant à la mémoire ou plutôt au cœur; c'est celle de ce vieillard, auteur d'un instrument de mort, dont la création semblait annoncer que le philantrope pressentait déjà l'affreux abus que l'on ferait de ce moyen d'ôter la vie. Il n'a point péri par son invention. Long-temps il en eut la crainte. Le ciel entendit les vœux que formèrent en mourant les victimes des erreurs judiciaires; leurs dernières pensées furent sans doute des bénédictions pour l'homme bienfaisant qui avait abrégé leurs douleurs.

Ces exemples du retour du sort n'ont rien qui effraye un homme dévoué à son pays. A des discours timides, il répondrait sans doute :

« Ah! ne nous formons point ces indignes obstacles;
» L'honneur parle, il suffit, ce sont là nos oracles. »

En apercevant le précipice creusé par le ministre infidèle, il n'hésiterait pas à le franchir, dût-il en s'élançant le combler de son corps. Aussi, ce n'est pas son courage que je veux mettre à l'épreuve, c'est sa raison et son cœur que je désire persuader et convaincre. J'y parviendrai mieux en énumérant les erreurs des arrêts politiques irréparables, parce que l'innocent avait péri.

Chaque page de l'histoire nous montre des ministres punis. Toutefois, l'amour du bien public eut moins de part que l'intrigue aux condamnations. Le triomphe des accusateurs fut souvent celui de la haine, et le supplice ne laissa l'idée que d'une grande infortune. Presque toujours les contemporains blamèrent, et la postérité réforma ces iniques sentences provoquées par les passions et rendues par la faiblesse.

Les ministres prévaricateurs éludèrent les lois; si même quelques-uns furent frappés, on put encore leur appliquer la réflexion de Tacite: ils furent injustement condamnés, non qu'ils n'eussent commis les crimes dont on les accusait, mais parce qu'on ne procéda pas, à leur égard, dans les formes prescrites par l'équité. C'était ce spectacle qui disposait Montaigne à s'écrier : AH! COMBIEN J'AI VU DE CONDAMNATIONS PLUS COUPABLES QUE LE CRIME!

Jérémie Bentham, le plus grand criminaliste de l'Angleterre, malgré qu'il pût être rassuré par l'institution du jury, écrivait: « Tant » que les hommes n'auront aucun caractère » pour distinguer le vrai du faux, une des » premières sûretés qu'ils se doivent récipro- » quement, c'est de ne pas admettre sans une » nécessité démontrée des peines absolument » *irréparables*. N'a-t-on pas vu toutes les appa- » rences du crime s'accumuler sur la tête d'un » accusé dont l'innocence était démontrée, » quand il ne restait plus qu'à gémir sur les » erreurs d'une précipitation présomptueuse ? » FAIBLES ET INCONSÉQUENTS QUE NOUS SOMMES ! » NOUS JUGEONS COMME DES ÊTRES BORNÉS, ET NOUS » PUNISSONS COMME DES ÊTRES INFAILLIBLES. »

Fut-il un moment plus propice pour parler de l'abolition de la peine de mort ? On disait, il y a trente ans : Français ! la postérité vous demandera compte de tout le sang qu'il est encore en votre pouvoir d'empêcher de couler. Les fureurs des partis n'immoleront-elles aucune victime ? Le glaive de la justice ne s'égarera-t-il jamais ? Ce glaive ne frappera-t-il que des coupables ?

Ah ! si, au lieu de la peine capitale, on en appliquait une autre qui laissât la possibilité de réparer les injustices, combien, peut-être, on préviendrait de regrets amers !

Ces vœux ne furent pas entendus, et depuis, la foudre a grondé sur nos têtes. Ils sont morts, ceux qui, par des motifs louables, peut-être, combattaient cette opinion ; ils sont morts innocents. Aujourd'hui seraient-elles encore vaines, les tentatives renouvelées pour tarir cette source trop abondante d'erreurs et de larmes ? Qui voudrait soutenir encore que les sentences politiques ne seront jamais injustes ? Qui, après avoir vu si souvent le glaive de la justice transformé en poignard, s'abandonnerait à l'espoir que désormais il frappera les seuls ennemis du bien public ?

Regardez derrière vous, et portez vos regards sur les temps plus rapprochés et sur ceux plus obscurs. Partout mêmes erreurs ; des citoyens, des ministres, des rois, un Dieu même, périrent accusés de délits politiques. Et, pour ne point sortir du cercle de la discussion, voyez quels ministres furent condamnés, et quels ministres furent absous (1) ? Presque partout les coupables échappèrent, et les innocents furent immolés.

Fontenelle, bon observateur, écrivait : « Il

(1) Ce tableau sera dans l'ouvrage annoncé.

» n'y a point de peuple qui ne puisse donner » dans un panneau grossier. La multitude en» traîne les gens de bon sens. Que vous dirai» je ; il se joint à cela de circonstances qu'on » ne peut deviner, et qu'on ne remarquerait » peut-être pas quand on les verrait. »

Ce fut ce sentiment profond de la non faillibilité des décisions des hommes, qui détermina Caton à porter le deuil pendant toute la durée de la guerre civile. Le même sentiment inspirait le sage empereur, proclamant qu'il aimait mieux sauver mille coupables que de perdre un innoçent, et aussi cet autre empereur (Théodose le Grand) qui, en ordonnant de mettre en liberté tous ceux prévenus de conspiration, ajoutait : PLUT A DIEU QU'IL FUT EN MON POUVOIR DE RESSUSCITER LES MORTS !

Il est des hommes qui, lorsque l'on parle pour la faible humanité, trouvent pour la repousser un bras d'airain et mille bouches. La nature ne nous a-t-elle pas accablés d'assez de causes de douleur et de destruction ! Le but de la société n'est autre que de les éviter, ou au moins de les adoucir.

Les stoïciens, qui rendirent à l'humanité les services que lui rend aujourd'hui la philosophie, définirent la loi, UNE RECOMMANDATION

SUPRÊME DE L'HUMANITÉ ET UNE BIENVEILLANCE MUTUELLE QUI NOUS PORTE A NOUS SECOURIR. Au lieu de présenter à nos regards dans les salles des cours de justice, les tableaux qui retracent les crimes, pourquoi ne pas rappeler aux hommes infirmes et misérables l'exemple de l'accomplissement de leurs devoirs? Qui ne verserait des larmes d'attendrissement, si un de nos habiles peintres présentait aux regards le tableau de deux êtres intéressants dont l'idée est dans l'anthologie. Un aveugle porte un estropié qui le dirige, ils adoucissent ainsi mutuellement leurs infirmités; l'un donne le secours de sa vue, et l'autre celui de sa force.

Pourquoi la France, dont la législation criminelle est si supérieure à celle des autres peuples, ne prendrait-elle pas l'initiative?

Les avantages de l'abolition de la peine de mort sont une de ces vérités que l'on reconnaît dans le cabinet, que l'on désavoue devant des témoins, mais que la conscience ne repousse point.

Ici, ne pouvant soutenir la proposition principale, et en me retranchant dans la proposition subsidiaire, je soutiens que la peine de mort appliquée aux crimes des ministres, doit être remplacée par des peines moins atroces, plus répressives, plus exemplaires, plus réparatrices.

Adoptez la maxime de beaucoup de conseillers du parlement, qui, dans le jugement des grands crimes, exprimaient ainsi leur opinion : AD OMNIA CITRA MORTEM.

On parle des progrès de la raison et de la philantropie, et l'on court encore voir mettre à mort un homme ! C'était ainsi que le peuple romain se croyait le plus civilisé du monde, tandis qu'au même moment il applaudissait dans l'arène aux égorgements des gladiateurs, et applaudissait aussi, au théâtre, aux beaux vers de Térence sur l'humanité :

« *Homo sum, humani nihil à me alienum puto.* »

Les progrès des sciences modernes nous font paraître nos devanciers ridicules. Les préjugés qui nous dominent encore ne nous feront-ils pas mépriser de la postérité. La maxime de Senèque ne saurait-elle être répétée : *Veniet tempus quo posteri nostri, tam aperta nos nescire mirentur !*

Ces réflexions auraient plus de force si la loi était adoptée, telle qu'elle est proposée, si ne spécifiant pas le délit et ne lui appliquant pas une peine déterminée, elle abandonnait le sort de l'accusé et celui de la nation à la discrétion des juges dont les dispositions flotteraient peut-être au gré des temps et des circonstances. J'avais cru, et je persiste à penser que le moyen le plus propre à parvenir à cette spécification, serait de recueillir les faits analogues aux condamnations des ministres. Le résultat de cette étude serait la présomption des délits possibles et l'appréciation de leur gravité. L'expérience et la raison indiquent assez que des hommes placés dans la même situation, pourront faire les mêmes actes ; c'est la régle des présomptions, elle se tire de ce qui arrive ordinairement : EX EO QUOD PLERUMQUE FIT. On peut, sans trop d'injustice, craindre que les ministres à venir ne ressemblent aux ministres passés, et prendre pour régulateur de la loi l'adage suranné par l'expression, mais toujours nouveau par son immuable vérité : PARTOUT OU IL Y AURA DEL HOMMES IL Y AURA DES HOMMES.

FIN.

LIBRAIRIE CONSTITUTIONNELLE

DE BRISSOT THIVARS,

RUE NEUVE DES PETITS-PÈRES, N° 3, PRÈS LA PLACE DES VICTOIRES.

Cette Maison de commerce est consacrée aux ouvrages politiques, anciens et modernes, qui forment la bibliothèque de l'homme public. Elle se charge de faire imprimer les manuscrits dont l'objet rentre dans le système constitutionnel. Pour l'étranger, comme pour les départements, elle fait la commission en tout genre de librairie, et reçoit les abonnements pour les journaux et feuilles périodiques et les souscriptions pour les ouvrages dont on voudrait lui confier la vente et le placement.

SOUS PRESSE, POUR PARAÎTRE INCESSAMMENT.

ESSAI SUR LA RESPONSABILITÉ DES MINISTRES, par Xavier Audouin, avocat à la cour royale de Paris, et ancien juge au tribunal de cassation, ci-devant commissaire-ordonnateur, secrétaire général, historiographe du ministère de la guerre, et adjoint au même ministère : 1 vol. in-8°.

LES ANIMAUX PARLANTS,

Poème épique en vingt-six chants de J.-B. Casti, traduit librement de l'italien, en vers français, par L. Mareschal, avec cette épigraphe :

> Ce qu'ils disent s'adresse à tous tant que nous sommes.
> (LA FONTAINE)

L'ouvrage dont nous allons publier la traduction en vers, a immortalisé le nom de Casti. A peine ce poème eut-il vu le jour, que les éditions s'en multiplièrent avec une prodigieuse rapidité, et jamais peut-être l'Italie, déjà si riche en chefs-d'œuvre poétiques, ne retentit d'un succès si général et si légitime. Le poète a joui d'un bonheur bien rare; il a lui-même assisté à son triomphe. « Il sera durable, disaient en 1802 les auteurs de la *Décade philosophique ;* et l'importance, et la nouveauté du sujet, et le rare talent déployé dans l'exécution, recommanderont ce poème unique à la postérité. »

« J'ose appeler Casti, l'Homère de l'apologue, disait le docteur » Corona, jetant des fleurs sur la tombe de son illustre ami. L'Europe, » agitée dans ces derniers temps par la lutte des lumières et des pas- » sions, admira les vues profondes et lointaines sur les systèmes poli- » tiques, et les fines observations du cœur humain, que Casti rassembla » d'une manière si piquante et si originale, dans son poème des Ani- » maux parlants. Ce bel ouvrage, qui réunit la pompe de l'épopée et la » simplicité de l'apologue; qui élève l'apologue de la morale privée à

» la morale publique, illustre, par un nouveau genre, les fastes du Parnasse italien. Comme épopée, c'est le premier des poèmes politiques. » L'auteur, compté parmi les fabulistes, tient sa place entre ceux du » premier rang. Sous un point de vue plus élevé, il est facile de dé- » montrer que, trop souvent, la poésie, en célébrant un faux héroïsme, » avait fait l'apothéose du vice. Notre Casti, la ramenant à son but, » d'une main renversa les idoles de cour, et de l'autre offrit un pur » encens sur l'autel aride et désert de la vertu, etc. »

Ajoutons à cet éloge mérité que, depuis l'époque où l'on s'exprimait ainsi sur cette étonnante production, le succès en est toujours allé croissant; et que tous les Français à qui la langue de l'Arioste est familière, se sont empressés de lire un ouvrage lequel, indépendamment de la vaste et intéressante fiction qui le compose, est semé de digressions charmantes et d'une foule de détails aussi neufs qu'étincelants d'esprit et de gaîté; et qui, seuls suffiraient pour lui assurer une réputation durable. En annonçant la traduction en vers de ce poème si éminemment original, nous croyons faire plaisir, tant aux amateurs de la langue italienne, qu'aux littérateurs à qui cette langue est étrangère. Les Italiens eux-mêmes aimeront, peut-être, à comparer la *gravure* au *tableau*, et pourront la considérer, avec raison, comme un hommage rendu, par le traducteur français, au génie de leur immortel compatriote.

Il est inutile de dire que M. L. Mareschal s'est surtout appliqué à rendre la physionomie du poète italien, succès qui n'est réservé qu'à la poésie. C'est une vérité désormais reconnue; et s'il fallait s'étayer d'une autorité recommandable, nous invoquerions celle de l'ingénieux collaborateur de la *Décade* (M. Andrieux), qui, en citant des passages du poème, disait : « Nous traduirons en vers toutes les citations; car *que » devient un poète dans une traduction en prose !* »

Au reste, pour donner quelque idée et du ton de l'ouvrage et de la manière du poète français (dont quelques journaux ont déjà fait l'éloge, notamment le Journal général du 24 décembre dernier), nous allons citer le portrait du page favori de la reine Lionne :

La reine encore un certain page avait,
Page chéri, le plus joli du monde,
Leste, pimpant : c'était monsieur Zibet,
Sentant le musc à vingt pas à la ronde.
Chaque matin, l'Adonis assistait
A la toilette, et, dans les jours de fête,
De son odeur avec soin parfumait
Sa majesté, des pieds jusqu'à la tête.
C'était vraiment le plus charmant des fous;
De sa maîtresse il connaissait les goûts,
Et l'amusait par mille espiégleries,
Mille bons mots, mille plaisanteries.
Tantôt, c'était l'anecdote du jour;
Une autre fois, galant récit d'amour.
De dire, enfin, de faire des folies,
Monsieur Zibet n'était jamais à court.
Des médisants (cette funeste engeance
Auprès des rois ne dort jamais, dit-on)
Semaient partout que, suivant l'apparence,
Gentil Zibet fut choisi, pour raison;

Et prétendaient que ce phénix des pages,
Servait, par fois, à d'étranges messages.
Mais de tels bruits, je le dirai toujours,
Ne peuvent rien sur l'oreille des sages :
Nous devons croire à la vertu des cours.

Cet ouvrage, imprimé sur papier carré fin des Vosges, en caractère cicéro neuf, formera 2 vol. in-8° de plus de 400 pages. Dire qu'il sortira des presses de M. Didot jeune, c'est assez faire l'éloge de l'exécution typographique. Le portrait de Casti, fort ressemblant et soigneusement gravé d'après l'original peint par le chevalier Appiani, célèbre peintre milanais, ornera le premier volume de cette édition. On aime à connaître les traits d'un auteur dont on chérit le caractère et dont on admire le génie.

LE NOUVEL HOMME GRIS.

HÉRITIER des deux *Hommes gris*, qui l'un et l'autre n'ont fait qu'un seul et même voyage de la police correctionnelle à l'hôtel de la Force, le NOUVEL HOMME GRIS paraît depuis cinq mois, non moins indépendant que ses devanciers. L'accueil qu'il a reçu dans le monde, et dont il se rendra digne de plus en plus, si Dieu ne l'abandonne pas, lui donne assez de confiance en lui-même pour qu'il ose se recommander à la bienveillance des bons Français. LE NOUVEL HOMME GRIS ne se flatte pas, suivant la coutume, de montrer plus de talent ni plus d'esprit que les pamphlétaires ses rivaux; aussi modeste dans le succès qu'invariable dans ses opinions, il ne fait qu'une promesse, qu'il tiendra quoi qu'il arrive, celle de défendre avec persévérance les principes constitutionnels.

LE NOUVEL HOMME GRIS formera 4 vol. in-8°, chacun de 27 à 30 feuilles. Le premier volume a déjà paru; la 15e livraison est sous presse.

Le prix de la souscription pour un volume, est de 9 fr. pour Paris, 10 fr. 50 cent., franc de port, pour les départements, et 12 fr. pour l'étranger. Chaque livraison, prise séparément, se paiera 1 fr. pour Paris, et 1 fr. 15 c. franc de port, lorsqu'elle ne sera que de deux feuilles; 1 fr. 25 c. pour Paris, et 1 f. 40 c. pour la province, lorsqu'elle sera de trois feuilles.

En outre de la remise de libraire, on accorde le septième exemplaire gratis pour six abonnements.

Le Nouvel Homme gris rend un compte suivi des discussions des chambres; et pour éviter les inconvénients d'une trop longue interruption, il publie neuf ou dix feuilles par mois, en quatre livraisons au lieu de trois.

NOUVEAUTÉS. — Ouvrages de fonds.

NOTICE HISTORIQUE ET BIBLIOGRAPHIQUE des journaux et ouvrages périodiques publiés en 1818, in-8°. Prix, 1 fr. 25 c. pour Paris, et 1 f. 50 c. franc de port.

LETTRE AU GÉNÉRAL GOURGAUD, sur la relation de la campagne de 1815, écrite à Sainte-Hélène, in-8°, br. Prix, 1 fr. 50 c. pour Paris, et 1 fr. 75 c. franc de port.

De la liberté de la presse, et du jury dans les délits de la presse, par J. Blanc de Wolx, in-8°, br. : 2 fr. pour Paris, et 2 fr. 50 c. franc de port.

Des pouvoirs et des obligations des jurys, par sir Richard Philips, ex-shériff de Londres et de Middlesex, traduit de l'anglais, par M. Comte, l'un des rédacteurs du Censeur : in-8°, br. Prix, 6 fr. pour Paris, et 7 fr. 50 c. franc de port.

De l'unité dans le ministère, par un ancien sous-préfet : in-8°, br. Prix, 1 fr. pour Paris, et 1 fr. 15 c. franc de port.

Ce que pourrait répondre un fonctionnaire salarié, membre de la chambre des députés, à l'auteur d'une brochure nouvelle : in-8°. Prix, 50 c. pour Paris, et 60 c. franc de port.

Projet d'un nouveau système d'impôt sur les boissons, plus productif pour le gouvernement que le système actuel, et pourtant beaucoup moins onéreux pour le peuple; précédé d'un exposé dans lequel on démontre que le régime de cet impôt, malgré les modifications qu'il a subies, conserve encore la plupart des imperfections qui l'ont toujours rendu insupportable au peuple; et suivi des réponses à toutes les objections faites contre le nouveau système proposé par G. Fillioux, ancien administrateur, conservateur de la bibliothèque du département de la Creuse; dédié aux amis du bonheur public : in-4°, br. Prix, 1 fr. 50 c. pour Paris, et 2 fr. franc de port.

De la régie des contributions indirectes, par une société d'anciens employés supérieurs de cette administration. Première partie, traitant des décisions du conseil d'administration, du service des droits d'entrée de la ville de Paris, et des épurations opérées dans le personnel de la régie. Prix, 2 fr. 50 c. pour Paris, et 3 fr. franc de port.

Nota. Cet ouvrage aura trois parties seulement.

Guide des contribuables et des créanciers et pensionnaires de l'Etat, par une société d'anciens employés supérieurs dans les administrations financières.

Cet ouvrage formera d'abord trois volumes : chacun d'eux se composera de douze livraisons, qui paraîtront successivement et indéterminément. Le prix de la souscription est fixé, franc de port, savoir :

	Pour Paris.		Les départem.	
Pour 1 vol. in-8° de 576 p., ou 12 livraisons	11 fr.	» c.	12 fr.	50 c.
Pour 2 vol. ou 24 livraisons	20	»	23	»
Pour 3 vol. ou 36 livraisons	30	»	34	»
Pour 1 livraison prise séparément. . .	1	25	1	50

Ouvrages d'assortiment.

Ouvrages de l'auteur du Paysan et le Gentilhomme.

Adieux à MM. les députés de la session de 1817 à 1818 : in-8°, br. Prix, 1 fr. 25 c. pour Paris, et 1 fr. 50 c. franc de port.

De quelques abus introduits dans le système religieux : in-8°, br. Prix, 2 fr. pour Paris, et 2 fr. 50 c. franc de port.

Du concordat sous les rapports politiques : in-8°. Prix, 1 fr. pour Paris, et 1 fr. 15 c. franc de port.

Le Paysan et le Gentilhomme, anecdote récente; *troisième édition* : 1 vol. in-8°, br. Prix, 2 fr. 50 c., et 3 fr. franc de port.

Réflexions sur le projet de loi concernant la liberté de la presse, présenté à la chambre des députés, par M. le garde des sceaux, le 17 novembre 1817 : in-8°. Prix, 60 c. pour Paris, et 75 c. franc de port.

Voyage d'un étranger en France, pendant les mois de novembre et décembre 1816; *troisième édition* : in-8°, br. Prix, 3 fr. pour Paris, et 3 fr. 60 c. franc de port.

Le seizième siècle en 1817 : 1 vol. in-8°. — Cet ouvrage a été saisi chez M. Brissot Thivars.

Ages (les quatre) de la garde nationale, ou Précis historique de cette institution militaire et civile, depuis son origine jusqu'en 1818; par un électeur du département de la Seine : in-8°, br. Prix, 2 fr.

AIGNAN. Des coups d'état dans la monarchie constitutionnelle, par M. Aignan, de l'académie française; *seconde édition :* in-8°, br. Prix, 75 c. pour Paris, et 90 c. franc de port.

— De la Justice et de la Police, ou Examen de quelques parties de l'instruction criminelle, considérées dans leur rapport avec les noms et la sûreté des citoyens; par M. Aignan, de l'Institut, *l'un des jurés dans le procès des chevaliers de l'Epingle noire :* 1 vol. in-8°, br. Prix, 1 fr. 50 c. pour Paris.

BENJAMIN CONSTANT. Collection complète des ouvrages publiés sur le gouvernement représentatif et la constitution actuelle de la France, formant une espèce de cours de politique constitutionnelle; par Benjamin Constant : 4 vol. in-8°, br. Prix, 16 fr.

Nota. Cet ouvrage aura 6 vol : les deux derniers paraîtront incessamment.

— De la doctrine politique qui peut réunir les partis en France, par M. Benjamin Constant. Prix, 1 fr. 25 c.

BERENGER. De la justice criminelle en France, d'après les lois permanentes, les lois d'exception et les doctrines des tribunaux; par M. Berenger, ancien avocat général à Grenoble : 1 vol. in-8°. Prix, 7 fr. 50 c. pour Paris, et 9 fr. 50 c. franc de port.

Champ (le) d'asile : tableau topographique du Texas, contenant des détails sur le sol, le climat et les productions de cette contrée; des documents authentiques sur l'organisation de la colonie des réfugiés français; des notices sur ces principaux fondateurs; des extraits de leurs proclamations et autres actes publiés; suivi de lettres écrites par des colons à quelques-uns de leurs compatriotes. (Publié au profit des réfugiés.) Par L.-F. Lh,.... (de l'Ain), l'un des auteurs des *Fastes de la gloire :* in-8°, br. Prix, 4 fr. pour Paris, et 5 fr. franc de port.

CHATEAUBRIANT. Rapport fait au Roi (à Gand), sur l'état de la France, le 12 mai 1815, par M. le vicomte de Chateaubriant : in-8°, *seconde édition.* Prix, 1 fr. 50 c.

Collection complète des ouvrages de M. Benjamin Constant. *Voy.* Benjamin Constant.

Confidences (les) de l'hôtel de Bazancourt, ou un jour de détention; par M. Pigeon : in-8°. Prix, 1 fr. pour Paris, et 1 fr. 15 c. franc de port.

Considérations sur l'état actuel de l'Europe, par Scheffer. *Voyez* Scheffer.

Coups d'état (des) dans la monarchie constitutionnelle. *Voy.* Aignan.

Considérations sur l'histoire des principaux conciles, depuis les apôtres jusqu'au grand schisme d'Occident, sous l'empire de Charlemagne; par de Potter : 2 vol. in-8°, br. Prix, 10 fr. pour Paris, et 13 fr. franc de port.

Cours (petit) de jurisprudence littéraire, ou Répertoire de police correctionnelle, à l'usage des gens de lettres, selon Hua, Vatismenil, Marchangy, etc.; par M. Jouslin de la Salle : format in-8°.

Cet ouvrage paraît par livraisons, dont trois sont en vente; la quatrième paraîtra

Prix de la	1re livraison, 3 fr. pour Paris, et	3 fr.	50 c.	franc de port.
	2e livraison, 3 fr. 50 c.	5	25	*id.*
	3e livraison, 5 fr. 50 c.	6	75	*id.*

La quatrième livraison paraîtra sous peu de jours.

Doctrine politique (de la), etc. *Voyez* Benjamin Constant.

Du nouveau projet de loi sur la presse, par M. Comte : in-8°, br. Prix, 1 fr. 50 c.

Essai historique sur la puissance temporelle des papes, et sur l'abus qu'ils ont fait de leur ministère spirituel; *quatrième édition*, revue, corrigée et augmentée : 2 v. in-8°, br. Prix, 10 fr.

Essai historique sur les libertés de l'église gallicane, etc. *Voyez* Grégoire.

Essai sur la politique de la nation anglaise et du gouvernement britannique. *Voyez* Scheffer.

Essai sur quatre grandes questions politiques, etc. *Voyez* Scheffer.

Esprit des Whigs, ou Causes de l'expulsion des Stuarts du trône d'Angleterre, par l'auteur de l'Origine et vices de la constitution britannique : in-8°, br. Prix, 2 fr. 50 c. pour Paris, et 3 fr. franc de port.

GRÉGOIRE. Essai historique sur les libertés de l'église gallicane et des autres églises de la catholicité, pendant les deux derniers siècles, par M. Grégoire, ancien évêque de Blois, etc. : 1 vol. in-8°, br. Prix : 6 fr. pour Paris, et 7 fr. 50 c. franc de port.

Histoire de la double conspiration de 1800, contre le gouvernement consulaire, et de la déportation qui eut lieu dans la deuxième année du consulat; contenant des détails authentiques et curieux sur la machine infernale et sur les déportés, avec une carte géographique des îles Séchelles et deux plans; par M. Fescourt : 1 vol. in-8°, br. Prix, 6 fr. pour Paris, et 7 fr. 50 c. franc de port.

Justice (de la) criminelle en France, etc. *Voyez* Berenger.

Justice (de la) et de la police, etc. etc. *Voyez* Aignan.

Lettre à M. le garde des sceaux, ministre de la justice, par M. Comte : in-8°. Prix, 1 fr. 50 c.

Lettre à M. Secousse, de l'ancienne compagnie des censeurs royaux : in-8°. Prix, 75 c. pour Paris, et 90 c. franc de port.

LETTRE DE FOUCHÉ, duc d'Otrante, au duc de Wellington, avec des observations, par M. de Villeneuve (ouvrage de haute politique). Prix, 1 fr. 50 c.

LETTRES SUR LES NOUVEAUX ÉTABLISSEMENTS qui se forment dans les parties occidentales des Etats-Unis d'Amérique, par Morris Birkbecks; traduites sur l'édition originale de Philadelphie: in-8°, br. Prix, 3 fr. pour Paris, et 3 fr. 50 c. franc de port.

LETTRES D'UN ALLEMAND, sur le coup d'œil relatif aux démêlés des cours de Bavière et de Bade; par M. Bignon, publiées par M. de Lamezan, auteur de l'Allemagne fédérative: in-8°, br. Prix, 2 fr. pour Paris, et 2 fr. 50 c. franc de port.

MANIFESTE DU GOUVERNEMENT AMÉRICAIN (10 février 1815), ou causes et caractères de la dernière guerre d'Amérique avec l'Angleterre, par James Madisson, président des Etats-Unis: 1 vol. in-8°, br. Prix, 2 fr. 50 c.

MÉMOIRES DE LA VIE PUBLIQUE DE M. FOUCHÉ, duc d'Otrante, contenant sa correspondance avec Napoléon, Murat, le comte d'Artois, le duc de Wellington, le prince Blucher, sa majesté Louis XVIII, le comte Blacas, etc. etc.: in-8°, br. Prix, 2 fr. 50 c. pour Paris, et 3 fr. franc de port.

ORAISON FUNÈBRE DE M. LE DUC DE FELTRE, pair et maréchal de France, ex-ministre de la guerre; par Beaupoil Saint-Aulaire: in-8°. Prix, 75 c. pour Paris, et 90 c. franc de port.

ORGANISATION (DE L') DE LA FORCE ARMÉE EN FRANCE, considérée particulièrement dans ses rapports avec les autres institutions sociales, les finances de l'état, le crédit public, etc. etc.; *présentée* aux chambres en leur session de 1817, aux électeurs, aux gardes nationaux, etc.; par H. de Carrion-Nisas: 1 vol. in-8°, avec neuf tableaux. Prix, 6 fr.

Procès divers.

PROCÈS DE LA CONSPIRATION des patriotes de 1816, au nombre de vingt huit: in-8°. Prix, 2 fr. 50 c. pour Paris, et 3 fr. franc de port.

— DES TROIS ANGLAIS Wilson, Hutchinson, Bruce et autres, accusés d'avoir favorisé l'évasion de Lavallette; contenant toutes les pièces de procédure, les interrogatoires secrets subis par les accusés anglais; suivi de leur mémoire devant la chambre d'accusation, en anglais et en français, etc; *seconde édition*, augmentée de pièces inédites et importantes: in-8°. Prix, 5 fr. pour Paris, et 6 fr. franc de port.

Nota. Cette édition est la seule qui contienne les interrogatoires secrets.

— DU BARON DEBELLE. Prix, 1 fr. 50 c.

— DU COMTE BERTRAND. Prix, 1 fr.

— DU COMTE DURAND DE LINOIS, contre-amiral, et du baron Boyer de Peyreleau, adjudant-commandant; précédé d'une notice sur ces officiers, avec leurs portraits: in-8°. Prix, 1 fr. 80 c.

— DU DUC DE ROVIGO: in-8°. Prix, 1 fr.

— DU GÉNÉRAL CAMBRONNE, commandant de la légion d'honneur: in-8°. Prix, 1 fr. 50 c.

— DU GÉNÉRAL LEFEVRE DESNOUETTES. Prix, 1 fr.

— DU GÉNÉRAL RIGAUD, commandant la gendarmerie à Châlons: in-8°. Prix, 1 fr.

— DU LIEUTENANT-GÉNÉRAL COMTE DROUOT, grand-officier de la légion d'honneur; *seconde édition:* in-8°. Prix, 1 fr. 50.

— DU MARÉCHAL DE CAMP BONNAIRE, et du lieutenant MIÉTON, son aide de camp; par Maurice Méjan: in-8°, br. Prix, 2 fr. 50 c. pour Paris, et 3 fr, franc de port.

SCHEFFER. Considérations sur l'état actuel de l'Europe: 1 vol. in-8°. Prix, 2 fr. pour Paris, et 2 fr. 50 c. franc de port.

— Essai sur la politique de la nation anglaise et du gouvernement britannique: in-8°, br. Prix, 2 fr. pour Paris, et 2 fr. 50 c. franc de port.

— Essai sur quatre grandes questions politiques: in-8°. Prix, 1 fr. 50 c. pour Paris, et 1 fr. 75 c. franc de port.

— Tableau politique de l'Allemagne: in-8°. Prix, 2 fr. pour Paris, et 2 fr. 50 c. franc de port.

TABLEAU POLITIQUE DE L'ALLEMAGNE, etc. *Voyez* SCHEFFER.

VOYAGE EN AUTRICHE, en Moravie et en Bavière, fait à la suite de l'armée pendant la campagne de 1809; par M. le chevalier Cadet de Gassicourt, avec une carte du théâtre de la guerre de 1809 en Autriche, et des plans de bataille d'Essling et de Wagram: 1 vol. in-8°, br. Prix, 7 fr. pour Paris, et 9 fr. 50 c. franc de port.

VOYAGE HISTORIQUE EN EGYPTE pendant les campagnes des généraux Bonaparte, Kleber et Menou; par Dominique di Pietro; avec une carte de l'Égypte, pour l'intelligence du voyage: in-8°, br. Prix, 6 fr. pour Paris, et 7 fr. 25 c. franc de port.

Ouvrages semi-périodiques.

BIBLIOTHÈQUE (LA) HISTORIQUE, ou Recueil de matériaux pour servir à l'histoire du temps.

Les quatre premiers volumes sont complets, et se vendent chacun 9 fr. pour Paris, et 10 fr. 50 c. franc de port. La 52e livraison va bientôt paraître.

CENSEUR (LE), ou Examen des actes et des ouvrages qui tendent à détruire ou à consolider la constitution de l'état; par M. Comte: 7 vol. in-8°, br. Prix d'un vol., 5 fr. pour Paris, et 6 fr. 25 c. franc de port.

CENSEUR (LE) EUROPÉEN, ou Examen de diverses questions de droit public et de divers ouvrages littéraires et scientifiques, considérés dans leurs rapports avec les progrès de la civilisation; par MM. Comte et Dunoyer.

Le onzième volume paraîtra incessamment. Le prix de chaque volume est de 5 fr. pour Paris, et 6 fr. 25 c. franc de port.

Nota. *Les lettres et les envois d'argent doivent être adressés francs de port.*

De l'Imprimerie de C.-F. PATRIS; rue de la Colombe, n° 4.

www.ingramcontent.com/pod-product-compliance
Ingram Content Group UK Ltd.
Pitfield, Milton Keynes, MK11 3LW, UK
UKHW012232240726
13966UKWH00003B/1060